定年前後「これだけ」やればいい

人生後半40年に差がつく習慣

郡山史郎

青春新書
INTELLIGENCE

はじめに――84歳の私が働き続ける理由

私は今年、84歳になる。平日は毎日、片道80分をかけて、会社に通う毎日を送っている。東京のＪＲ山手線新宿駅、品川駅の通勤時間帯の混雑は、想像を絶する。文明社会でこんなことがあってよいのだろうかと思われるくらいの押し合い、へし合いである。体力に自信のある方は、ぜひ試してみていただきたい。現代の日本人でも、こんなことに耐えられるのだというよい体験になる。私は毎日、往路は新宿、帰路は品川を山手線で通過する。相当なチャレンジである。

なぜこのようなことをしているかというと、理由は「負けたくないから」としかいいようがない。「負けてなるものか！」と思い、日々を送っているのだ。

誤解していただきたくないのだが、私は、何も意地を張っているわけではない。また、幸せなことに、経済的、あるいは家庭に何か問題があるわけでもない。

負けたくない相手は、他人でもなく、自分でもない。相手は「高齢者」という自然現象である。

高齢者になると、体力も知力も弱る。これは自然現象である。それに負けたくないのだ。そして、負けないために、今日も働き続けている。

しかし現実には、定年を過ぎた高齢者が働き続けることは容易ではない。何より、自分が求める仕事と出合うことが難しいのだ。

折しもこの本の企画中、安倍首相は第19回未来投資会議（２０１８年10月５日）にて、「生涯現役社会の実現に向け、意欲ある高齢者に働く場を準備するため、65歳以上への継続雇用年齢の引上げに向けた検討を開始する」と述べた。しかし残念ながら、現在「定年前後」である50代以降の方々にとっては、政府主導による環境整備を待っている余裕はない。

私は、多少なりとも人材紹介業に携わった経験から、定年後も働き続けるために少しでも役立つ情報をお伝えしたいと思い、２０１８年４月に『定年前後の「やってはいけない」』（青春出版社刊）という本を出版した。その反響は予想外に大きく、10万部を超えるベストセラーとなり、改めて定年前後の働き方、生き方について関心が高いことを思い知らされた。

なかでも、発売直後から今に至るまで、もっとも多かったご意見が、

「では、具体的にどうすればいいのか」

というものだった。

確かに、「人生１００年時代」といわれながらも、定年前後の具体的な活動について、何をやればいいかを語られた本は少ない。

そこでこのたび、私がこれまで再就職をサポートしてきた３０００人を超える人たちを見てきてわかった「うまくいく習慣」をまとめ、実践編としてこの本を出版することになった。いってみれば前の本とは対極の『定年前後の「やってください」』というわけである。

私自身も「定年前後」を経験した１人であるが、私以外にも、「定年前後」の厳しい時期を乗り越え、人生１００年時代を楽しく過ごしている人はたくさんいる。本書では、そのような方々の事例も紹介させていただいた。

しかし、お読みいただければわかるかと思うが、そこに至るまでの道のりは決して平坦なものではなかった。

キーワードは同じく、「負けてなるものか！」である。

ただし、この心掛けは、なるべく表に出さないようにするのがポイントだ。「年寄り扱いするな」という思いが強く出すぎると、かえってまわりの方々に不快な思いをさせてしまいかねないからだ。

これは日々の働き方、生き方にも通じるものだと思う。

「負けてなるものか！」という思いを内に秘め、笑顔で明るく、人生後半を歩いていく。この本がその道標となってくれたら、著者としても、とてもうれしい。

定年前後「これだけ」やればいい〈目次〉

第1章

「定年前後」の常識が変わった！

―早く頭を切り替えた人ほどうまくいく―

第2章

人生後半からの新しい働き方
―競わない、比べない、求めない―

第3章

定年前後「これだけ」やればいい
―3000人の再就職を見てきてわかった極意―

第4章

60歳を過ぎても「仕事に選ばれる人」の共通点
―シニアの再就職の成功事例―

第5章

人生100年時代の働き方モデル
―働き続けるためのキャリアのつくり方―

第1章

「定年前後」の常識が変わった！

―早く頭を切り替えた人ほどうまくいく―

定年後はもはや「人生の残り」でも「余生」でもない

いよいよ「人生100年時代」の幕開けである。

実際にやってくるのはもっと先のことだと思われるかもしれないが、実はもうはじまっている。イギリスのある調査によると、1987年生まれの日本人は50%の確率で99歳まで生きるそうだ。つまり、30代半ばより若い日本人の半分は、すでに「人生100年時代」を生きているというわけだ。

私の若い頃は70年も生きれば長寿といわれた。私の父は90歳まで生きたので大往生といわれた。しかし、その後の医療や健康に関する技術の進歩はすさまじい。これからは誰であれ、100歳まで生きることを前提にして物事を考えていくべきなのではないか。

では100年とはどれくらいの長さなのだろうか。

仮に100歳まで生きるとしよう。60歳で定年を迎えたとすると、残りは40年間だ。わかりやすくたとえるなら、オギャーとこの世に生まれてから学校、就職、結婚を経て40歳になるまでの期間に相当する。とてつもなく長い。さらにいえば、50歳で早期退職して新しい人生を歩むとすれば、残りは何と50年にもなる。もう1回、人生をやり直すようなものだ。

そうなると、もはや「人生の残り」「余生」「老後」などという言葉は使えないのではないか。定年後はれっきとした「もう1つの人生」だと、私は思っている。

50歳が人生の折り返し点になる

戦前から戦後しばらくまでは、「人生50年」が当たり前だった。だから定年も50歳というのが多かった。

その後、急速に寿命が延びるようになったために、定年も延び、定年後はしばらく安楽に過ごそうという風潮も生まれた。そこで「余生を静かに」などという言葉が頻繁《ひんぱん》に使われるようになった。それは右肩上がりの経済成長と機を一にしている。今では時代錯誤以外の何物でもないのだが、恐ろしいことに、いまだに当時の価値観をあらわす言葉が私たちの頭のなかで生き残っている。

経済成長は一段落したものの、定年後の人生は今後も延び続けるのは間違いないだろう。

したがって「老後は楽隠居に限る」などという古い価値観にとらわれたまま定年を迎えてしまうと、大変なことになる。

繰り返す。定年とは「もう1つの人生」のはじまりのことである。

この認識を持てるかどうかが、これからの人生を大きく左右するだろう。早ければ早いほどいい。少なくとも40代後半には、「もう1つの人生」に向けて身支度をはじめておいたほうがいいだろう。

そこで私は、「人生１００年時代」の生き方を、ちょうど折り返し点の50歳で区切って、それ以前を「前半戦」、以降を「後半戦」と呼ぶことにした。

なお、前著を読まれた方のために補足すると、前著では90歳まで働くという前提で折り返し点を45歳としたが、今回は人生にフォーカスして折り返し点を50歳としていることを、お断りしておく。

60代で「楽隠居」は早すぎる

そもそも60代で楽隠居というのは早すぎると、私は思っている。

まず仕事をしないと、脳の老化が進みやすい。

脳の専門家によると、「定年認知症」という言葉があるそうだ。正式な病名ではないが、定年後に楽隠居を決め込んだ人に発症する確率が高いらしい。脳には適度のストレスと情報の刺激が必要なのだ。

毎日、自宅や図書館で時間をつぶすことばかりしていると、脳の機能の一部しか使わないので、脳が急速に老化する。それに対して、いつも明確な目標を持ってチャレンジし、脳に一定のストレスがかかっているほうがボケないで長生きできるのだ。脳は使い続けていれば、高齢になっても機能低下を遅らせることができる。私自身もそれを実感している。

その半面、いったん使わなくなると急速に機能が低下し、高齢になればなるほど回復は難しくなる。冴《さ》えた頭を一部でも維持するためには、何より使い続けることが肝心だ。

ある精神科医も「老いたからのんびり休む」のではなく「のんびり休むから老いるのだ」といっている。脳のメカニズムからいっても、定年後にしばらく休もうというのはおすすめしない。

この前、内館牧子氏の『終わった人』という小説を読んでいたら、あるセリフにショックを受けた。

退職後に家でぶらぶらしている主人公（元エリート銀行員）が、暇つぶしに前年まで毎年出席していたパーティに出かけてみた。会場には知り合いの銀座のママがいたが、主人公を見かけたものの声をかけなかった。

後日、その話を聞いた主人公は、なぜ声をかけなかったのかとママに尋ねた。ママの答えは「あなたのスーツが息をしていなかったから」というものだった。いくらエリートでも仕事を辞めてしまえば、一気に企業戦士のオーラを失うという話だ。「自分のスーツは息をしているだろうか」——一度、家族に聞いてみてはいかがだろう。

そのほかにも楽隠居の弊害はいくつも指摘できるが、いちいちあげつらう必要はないだろう。一度は引退しても、結局、半年もすれば仕事を探しはじめる人が多い。だいたい時間を持て余すし、何より家にいるのは居心地が悪いということに、引退してはじめて気づかされるのだ。

現役のうちは、仕事とは縁のないのんびりとした生活にあこがれるものだ。しかし、遅かれ早かれ新しい仕事を探すことになる。だが、一息ついているあいだに再就職のタイミングを失してしまう人も多いのだ。

脳の専門家の話を引き合いに出すまでもなく、定年後の半年以上のブランクは、想像以上に再就職の阻害要因となるのだ。これについては後ほど詳しく述べる。求人企業側も、経験的にこのことを知っている。だから、定年時の一時的な休養のつもりでも、仕事のブランクをつくることはやめたほうがいい。

65歳以上でも156万人が会社で働いている

楽隠居はおすすめしないと申し上げたが、好むと好まざるとにかかわらず、定年後の人生を無職のまま全うすることは、ごく一部の人を除き、経済的にも不可能だ。

昔と違って退職金も年金もかなり少ないうえに、預金金利はゼロに近い。加えて、寿命が大幅に延びているのだから、経済的に厳しくなるのは明らかだ。したがって、できるだけ長く働き続けたほうが安心だ。

事実、会社で働くシニアは年々増えている。

厚生労働省が発表した最新の調査データがおもしろいので、要点を紹介しよう。

まず60歳以上の常用労働者数（31人以上規模企業）は、２００９年は約２１６万人だったのが、９年後の２０１８年には約３６３万人となっている（常用労働者とは、期間を定めず雇われている者、1カ月を超える期間を定めて雇われている者、それ以外の者で前2カ月にそれぞれ18日以上雇われた者のこと)。

9年間で1・7倍、実に約150万人も増えている。大変な増え方だが、70歳以上を見るともっと伸びは大きい。統計のはじまった2013年には18万人に過ぎなかったが、5年後の2018年には46万人に増えている。何と5年間で2・6倍だ。同様に65歳以上も79万人から156万人へと倍増している。

このように、シニアの雇用は年々着実に増加しており、今後しばらくはこの傾向は変わらないといわれている。

政府も「生涯現役社会の実現」や「人生100年時代構想」など、世界の先端を行く日本の高齢化を逆手に取った斬新な制度設計や競争力の強化策を検討しはじめた。シニアの再教育なども検討しているようだが、これは一筋縄ではいかないのではないか、というのが私の考えだ。ただ、シニアが元気で働く気運を盛り上げるという意味では悪いことではない。

一方、産業界の労働力不足は想像以上に深刻となっている。特に、優秀な若手が集まりにくい中小企業では、シニアの雇用にも真剣に取り組むようになってきた。先ほど紹介した厚生労働省の調査によると、「70歳以上でも働ける制度のある企業」は、いまや25・8％もある。４社に1社は、70歳を超えても働ける時代なのだ。

このペースでいけば、10年後には65歳以降のシニアが普通に会社勤めをしている世の中になっているだろう。冗談抜きで、そのうちシニアの奪い合いがはじまるかもしれない。

ただ、こうしたシニアの就業率の拡大は、年金受給年齢の段階的な引き上げが今後も避けられないという見通しのなかで起きている現象だ。したがって、そのほとんどは定年後の再雇用であり、働きがいや処遇に大きな課題を抱えていることはご存じの通りだ。

特に、貴重な人材の意欲を奪ってしまうのは問題だ。「ならば辞めればいいではないか」という声も聞こえてくるが、今の日本には60歳を過ぎてからの再就職市場は少ないのだ。そのため、ほとんどのビジネスマンが定年後に再雇用されて数年間、元いた職場でくすぶり続けることになってしまう。

とにかく再雇用であれ再就職であれ、定年後も仕事を続けるのがこれからの時代だ。そうであるならば、どうせ働くなら楽しく働きたいものだ。そして定年後であれば、楽しく働くことは十分可能なのである。

だからこそ私はさっさと再就職することをすすめたい。そのためには、ずるずると再雇用を選ぶのではなく、「人生の後半戦は自分の好きな生き方をするのだ」という強い意志をもって、前もって準備をしておくことだ。

では、どのような準備をしておけばいいのだろうか。

詳しくはおいおい本書のなかで述べていくとして、まずは「定年前後」に準備をはじめ、見事再就職に成功した方の事例を紹介させていただきたい。

なお、プライバシーの都合上、ご本人の名前や会社名など変えていることを、あらかじめお断りしておく。

退職後、2カ月で転職に成功した理由

杉原欣司氏（仮名・60歳）は、昨年、大手金融グループ傘下にあった投資運用会社の役員を辞めて、関東のサービス事業会社の管理部長に就任した。

6月から就職活動をはじめて採用が決まったのは9月、実質的な就活期間は2カ月足らずと、電光石火《でんこうせっか》の早業だった。本人がかつてのキャリアにこだわらず、選り好みさえしな

ければ、転職は意外とすんなり決まるという好例といえる。

私が杉原氏の再就職を取り持つことになったのは、たまたま私がテレビ出演しているのを見た同氏が、私の話に興味を持ち、メールを送ってきたことがきっかけだった。

後日、会って話を聞いてみると、「定年で会社を辞めたので、仕事を紹介してほしい。ついては給料はいくらでも構わない。何でもやります」とおっしゃる。私はさっそく求人会社を当たることにした。

それから2週間後、まず土木建築会社の配車係の仕事を紹介した。

すると杉原氏からは「さすがにそれはできない」という返事だった。このようなケースもないわけではない。むしろ無理なら無理とはっきりいっていただいたほうが、再就職のミスマッチは起こりにくい。

そこで次に紹介したのが、サービス事業会社だった。次期社長含みの管理部長というい い話だ。

業務内容は経営管理の仕組みづくりと日常的な人事、総務部門の総括である。前の会社でも経験した仕事なので、杉原氏に違和感はなかった。ただ、次期社長含みの案件の割には、しばらくは安い水準の給与だという。それでもいいかと同氏に改めて確認してみたが、まったく構わないという。話を進めると、すぐにオーナーとの面談となった。その席で杉原氏はオーナーに気に入られ、まさに即断即決となった。これがスピード決着の顛末《てんまつ》である。

では杉原氏は、なぜ再就職を選んだのだろうか。

実は杉原氏は、これまでにも転職経験が2回ある。

大学卒業後に地元のメーカーに就職したが、2年後に東京の証券会社に移った。海外業務の中途採用を募集していたからだ。その頃はまだ「海外雄飛」の時代だった。証券会社では多くの国際案件を担当するなど実績を上げ、約30年間勤め上げた。会社に不満はなかった。

ただ、50歳を過ぎた頃から杉原氏のなかで、猛烈に自分の会社をつくりたいという欲求が膨らんできた。「よし、55歳になったら起業しよう」とひそかにビジネスプランを練りはじめたが、実際に事業を立ち上げるには、創業資金が大きく不足していた。

そこで、中堅の投資会社を経営しているという大学の先輩を思い切って訪ねてみた。すると先輩から、「気に入った。金は貸せないが、いい仕事があるから当社に来い」と逆に誘われてしまった。しかも子会社の社長をやれという。

社長の仕事は一度はやってみたかった。杉原氏は証券会社を辞めて、小さな投資顧問会社の社長に就任した。ちょうど5年前、55歳のときだった。

それから5年が過ぎると、またしても新たなビジネスに挑戦してみたくなった。決して業績不振などの理由で退任を迫られたわけではない。役員就任後5年が経ち、ひと仕事やり終えたという実感はあるし、4月でちょうど60歳にもなった。子育ても終わり、マイホームのローンも完済している。これ以上、お金のためにあくせく働く必要はなかった。

とはいえ、定年後だからといって楽隠居がしたいと思っているわけでもない。もっとワクワクするような仕事、今まで経験したことのないような仕事に挑戦してみたかったのだ。

そこで60歳を機に円満退社し、新しい仕事を探しはじめたというわけだ。

そのときだった。何気なくテレビを見ていると、83歳（当時）にして現役のビジネスマンだという人が、「これから定年を迎える人は、人生の第2、第3のステージで自分のために働くべきだ」と楽しそうに話している。おもしろい。聞けば人材紹介会社の社長で、最近書いた『定年前後の「やってはいけない」』という本が話題になっているという。

さっそく書店に行き、その本を買って読んだ。本を読むと、無性に会いたくなった。連絡先を調べ「ぜひ会いたい」とメールを送った。そして、私がそのメールを開いた。

以上が、投資顧問会社の社長だった杉原氏がサービス事業会社に転職した経緯である。

うまくいく人の行動習慣

ここで杉原氏が再就職に成功した要因について、私なりの考えを述べてみよう。

1つには、杉原氏が「何でもやる」「給料はいくらでも構わない」という姿勢を取り続けたことだろう。1つ目の求人は拒否しているが、それは仕方がない。ここでいっておきたいのは、求職者が「何でもやる」といえば、求人企業も「何でもやる人なら会ってもいい」という展開になりやすいということだ。選択肢を広げるという意味では、大きな効果が期待できる。

もう1つは、テレビを見てすぐにメールしてくる行動力だ。些細《ささい》なことにはこだわらず、まず行動に出てから考える、というのはビジネスマンの重要な資質の1つだと私は思っている。

3つ目として、55歳のときにも自分から大学の先輩を訪ねたこともポイントだ。旧知とはいえ30年も前に1度会ったきりだという。

私が多くの再就職成功者を見てきて思うのは、「自分で探す。自ら行動を起こす」ことが、自分自身のやる気を引き出すだけでなく、本気度を相手に伝え、結果として相手を動かすことにつながるということだ。

思うに杉原氏は、再就職に必要な技術や行動習慣を、図らずも身につけていたのではないか。

ただし、このような求人と出合い、トントン拍子に話が決まるのは、実は極めて稀《まれ》なことなのだ。

しかし、若いうちから気長に探していれば、いつかはいい仕事に巡り合うこともある、ということも忘れないでいただきたい。

第2、第3の杉原氏が生まれることを切に祈るとともに、同氏のご協力に心から感謝申し上げて、この稿を終わりにしよう。

シニアの求人はないに等しい!?

実際に転職活動をしたことがある人ならお気づきかと思うが、現状、シニアの求人は非常に少ない。日々の仕事に追われ、なかなか先のことまで気が回らないとは思うが、まずはこの「定年前後の真実」に、一刻も早く気づいてほしいと思う。

特に部長、本部長、役員などのポジションにいる人は、仮に社内での居場所がなくなったとしても、社外ならそれなりの処遇でそこそこの仕事があると思われるかもしれない。しかし、そもそも、そのようなポストでの求人に巡り合うことは難しいのだ。仮にあったとしても、定年前と同様の待遇は望めないと思ったほうがいいだろう。

定年後、ゆっくり仕事探しをすればよい、と思っている人もいるかもしれない。そして再就職先がまだ決まっていないにもかかわらず、退職金や失業保険があるから大丈夫だろうと考え、再雇用を希望しないまま定年を迎える。そうこうするうち、半年が過ぎ、1年が過ぎていく。

しかし前著でも指摘したことだが、仕事をしていないブランク期間が長くなればなるほど、仕事探しでは不利になる。仕事から1年、2年と離れているうちに、仕事の勘や情報は古びていくものだからだ。

最近の求人のキーワードは一にも二にも「即戦力」である。昔のように「当社は人間本位。そのうち活躍してくれればいい」などと悠長に構えている経営者は1人もいない。ブランクが長いというだけで敬遠されてしまう理由はそこにある。

退職した会社にも残れず、自分のキャリアを活かせる再就職もできない――このような八方塞がりに陥らないためは、「定年前後」の過ごし方がカギを握っているのだ。

「60歳定年制」の功罪

それにしても、なぜこれほど定年前後の人向けの求人が少ないのだろうか。

私は、それには「60歳定年制」が関係していると考えている。

先ほど、中小企業では高齢者雇用が増えていると述べた。一方で、厚生労働省の調査（平成29年就労条件総合調査）によると、「60歳定年制」を導入している企業は79・3％、つまり8割の会社が60歳が定年となっているのだ。

ということは、50歳くらいの人を採用しても、ほとんどの企業では10年未満で退職、ということになる。企業側でもこの年代の人を積極的に採用するのを控えてしまうのは、仕方のないことだともいえる。

誤解しないでいただきたいのだが、私は定年制自体は、いい制度だと思っている。組織の人間が入れ替わっていくことは必然だし、体力があり伸びしろがある年代が経営の中核を担うほうが、会社の成長にとってもよい。

そのためには、ある程度の年齢になったら管理職を退く「役職定年」こそが、定年の本質であるべきだ、というのが私の考えだ。そうして管理職を外れたら辞めてもらうのではなく、契約社員でも業務委託でもいいから、60歳を過ぎた人でも長く働ける環境をつくるのが理想的だと思う。

「多様性」がシニアの就活を難しくしている

「シニアの再就職が厳しいことはよくわかった。ならば、今こそ人材紹介業の出番ではないのか」というご指摘をいただくことも多いのだが、話はそう簡単ではない。

その要因の1つは、シニアの「多様性」にある。

シニアは、長く生きてきた分、1人ひとりの個性も能力も大きく異なる。家庭の事情も千差万別。まさに人生いろいろだ。ほとんどが独身で業種・職種未経験という新卒のときとはまったくの別物なのだ。シニアの仕事探しの難しさはそこにある。

私もシニアの1人として、「シニアの求人は非常に少ない」というのは大変心苦しいことだ。シニアは若い人に負けないくらいのやる気も能力もある。ツボにはまれば相当の実力を発揮することもよくわかっている。

しかし残念ながら、「仕事ができる」ということと「仕事がある」ということはまったく別の話なのである。

人材紹介というのは見合いにたとえれば、仲人《なこうど》のようなものだ。いくら「結婚したい」と思っていても、そもそも相手がいないと成立しない。

ところが、現状はこの相手、つまりは企業側の求人が少ない。政府も高齢者雇用に力を入れ、前述の通り前進はしているものの、今はまだ定年後の再就職市場は過渡期にあるといえる。高齢者自身も仕事を探す努力が必要だろう。

定年前から、定年後の行き先を決めておく

シニアが新たに職を求めることははなはだ難しい時代なのだが、そうはいっても職を求めるシニアは多い。将来に不安を感じている30代、40代の人も多いだろう。

では、どうすればいいのか。定年前後にどうやって再就職を勝ち取るべきか、詳しくは第3章で述べるが、ここでは基本的な考え方についてまとめておきたい。

最も賢明な再就職先の見つけ方は、第1に、できるだけ早いうちから情報収集をはじめることである。第2に、見つかるまで淡々と探し続けることである。第3に、これを日々の日課、いわば新しい習慣にしてしまうことだ。

まずは行動だ。じっくり時間をかけて受け入れてくれそうな会社を探してみよう。そうすれば、現実の厳しさがよくわかるし、真剣に取り組む覚悟もできる。

大事なポイントは「自分で探す」ということ。そのほうが本気度が相手に伝わる。もちろん人材紹介会社に登録していただくのもいいのだが、少しでもブランクを短くするためにも、自分自身で積極的に動くことをおすすめしたい。自ら動くことで、仕事に出合うチ

ャンスは確実に増えるはずだ。

しかし、あせるのはよくない。「会社探しが趣味だ」というくらいの軽い気持ちで、気長に取り組むほうがいい。そのほうが楽しめるし、気も滅入らない。今まで知らなかった業界や仕事を知ることになるから、自らの見聞を広めることもできるだろう。そうしているうちに、働き先もきっと見つかるはずだ。

理想をいえば、定年になる前に数社程度、再就職の可能性のある会社に当たりをつけておけば安心だ。

運よく再就職先が見つかって、先方が早めに来てほしいという場合は、給料は下がるとしても思い切って飛び込んだほうがいい。

中高年に来てほしいという会社は、増えてはいてもそうはない。元いた職場でくすぶって過ごすよりもいい仕事ができるだろうし、中高年でも歓迎という会社は中小企業で実質的に定年がない場合が多い。結局はそのほうが生涯収入も増える可能性が高いのだ。

もし、再就職先が1件も見つからないままに定年を迎えそうであれば、とりあえず再雇用を選択しておくべきだ。とにかく、定年後であっても失業状態が長期化することだけは避けたほうがいい。

定年前と同じ仕事にこだわらない

もっとも、シニアの求人が少ないというのは、デスクワーカーの場合である。体力を使う仕事であれば、シルバー人材センターや運送会社のドライバー、建設現場のほか、地方に行けば農業などいくらでもある。体力に自信があれば、こうした仕事を選ぶのもいいだろう。

先日、マンションの管理組合で樹木の剪定《せんてい》をシルバー人材センターに頼んだら、やってきた5人のうち庭木職人上がりの人は1人だけで、残りの4人は皆大手企業の元サラリーマンだった。なかには、身なりがきちっとしている人もいる。元銀行員だったそうだ。皆楽しそうだ。やりたいときだけやるようにしているというが、現役の時代よりも欠勤は少ないという。性に合わないですぐに辞める人もいるが、それ以外はほとんど辞めることもない。実際、最高齢は84歳、私と同じ年でクレーン車を器用に操作して仕事も早い。現役の頃は工場の工務畑で、機械いじりが好きだったという。

現場仕事だけではない。もともと得意な分野を極め、「手に職をつける」という道もあるだろう。この前、新聞を読んでいたら、59歳で将棋の駒づくりをはじめて、ついに竜王戦で使う駒をつくったという駒師を紹介していた。もちろん誰にでもできる話ではない。そこまでいかなくてもいいからと、あまり気負うことなく職人修業に打ち込んでいる人も多い。そうした人たちが生き生きとしているのも事実だ。

要するに、人生の後半戦は、本人の好きなように生きればいい。可能であれば隠居して遊んで暮らすのもいい。私のおすすめは好きな仕事を見つけて好きなようにやることだ。「老人の美学」あるいは「老人のたしなみ」として、家族や他人様に迷惑をかけないような生き方を最後まで貫きたいものだ。そうするためには働いているのが一番いい。シニアであれば介護の世話にならないことを常に念頭に入れて生きるべきではないか。

私は、家族を介護するのも家族から介護されるのもよくないと思っている。特に、子どもたちに面倒を見てもらうのはよくない。子どもたちは息子も娘もそのパートナーも働き盛りだ。彼らには仕事と子育てに邁進《まいしん》してほしい。大げさかもしれないが、それが日本の競争力の強化、国力の回復に直結するのだ。だから介護は、国家や自治体が責任を持っておこなうべきではないか。

定年後の仕事は本人が自由に選べばいい。もし、それまでデスクワークや営業をしてきて、ほかにやってみたい仕事がないのであれば、慣れない仕事を一からはじめるよりは昔の経験やスキルが使える仕事を選んだほうがいいということだ。体力的にもそのほうが息長く続けることができるだろう。

何より、現役時代に長い時間をかけて蓄積してきた多様な経験や知的な能力を、そのまま死蔵させてしまうことは本当にもったいない。本人にとっても、日本にとっても大損失といえる。

ぜひとも国、自治体、民間企業それぞれが「人生100年時代」を見据えて、シニアが過去の蓄積をうまく活用して社会の役に立つ仕事に就けるように、工夫、努力をしていただきたい。政府には、そういう国づくりをぜひ進めていただきたいと考えている。

徐々に増えつつあるシニアの採用

企業がシニアを雇いたがらないもう1つの理由として、雇用規制や健康保険、雇用保険などの負担が大きく、そのうえ関連事務が煩雑《はんざつ》なことも関係していると思う。関連法規がもっと緩和されれば、企業側が採用を検討する可能性は十分にある。

こうしたところから変えていけば、ずいぶんとシニアの職域は増えていくだろう。

政府のいう「一億総活躍社会」「生涯現役社会」を実現するためにも、政府は補助金を出すのではなく、こうした視点から思い切った施策を打ち出してはいかがだろうか。

民間では、必要に迫られているせいか、変化の兆《きざ》しが出はじめている。

というのは、シニアお断りといっていた会社でも、いくら求人をかけても人が集まらないため、「シニアでもいい、社員として採用したい」といったところが増えはじめているのだ。

正社員という労働法で固く守られた身分にこだわらなければ、もっと可能性は広がる。

例えば、私の会社には70代の営業担当のパートナーが数名いるが、正社員ではなく個人事業主として会社と契約していただいている。会社に出勤する必要はなく、自宅で営業活動をしていただく。報酬は給与ではなく、毎月一定の交通費相当分を支給する。金額は微々たるものだが、ノルマもない。ただ、仕事が成立したときの成功報酬は結構な金額になるので、モチベーションは高い。

誤解されるといけないので少し補足しておくと、これはシニアに対するパワハラでも何でもない。個人事業主は契約社員でもパート社員でもない。立派な取引業者である。会社と個人事業主たちが契約内容を相互に承諾し合っていれば、何の問題もない。

こうした契約方式であれば、会社側も管理費負担が少なくてすむので非常に助かる。営業分野であれば今後広まる可能性は十分にあると思っている。

いずれにせよ、シニアの労働市場をおおう氷河が少しずつ解けていく兆しがある。そのうち、一気に氷解がはじまるのかもしれない。

第2章

人生後半からの新しい働き方

―競わない、比べない、求めない―

「定年前後の真実」に気づきはじめた人たち

私が2018年4月に出版した『定年前後の「やってはいけない」』は、「はじめに」でも触れたように、想定をはるかに超えるベストセラーとなった。出版社の話では、この数年間に出版された関連図書は100冊を超えるそうだが、10万部を超えた本はほんのひとにぎりに過ぎないという。

そのせいか、反響はすさまじかった。

「ふっきれました」

「働きます」

「どんな仕事でも結構です」

「まだ辞めません」

「もう1回やります」

「これからです」

表現はさまざまだが、人生後半戦への意思表示である。すべて私のアドレスへ直接いただいた読者の方々からのメールである。その数は半年間で１００通を超えた。

まずは、前著のおさらいを兼ねて、これまでいただいた反響からわかることを整理しておこう。

前著では、私自身の体験をもとに、定年前後にやってはいけないことをいくつか取り上げて、その問題点を詳しく解説した。例えば、再就職のために資格を取ることがいかにムダで、定年後に起業することがいかに危険か、といったことだ。

なかでも定年前後の再就職については、多くのビジネスマンがそれまでの「常識」から抜け切れず、求人先との折り合いがつかずに再就職に苦戦していることも、指摘させていただいた。

この再就職の問題については非常に反響が大きく、読者から直接いただいたメールの多くが「高齢者の再就職がいかに厳しいかはわかる。しかしチャレンジしたい」といった趣旨の内容だった。

こうしたメールが殺到したこと自体が、ある意味、事態の深刻さを物語っている。

いくら優秀なビジネスマンでも、50代半ばを過ぎれば好条件での再就職の可能性は非常に限られてくるのが現状だ。60歳を過ぎれば、ほぼないに等しい。それがまさに「定年前後の真実」なのである。

したがって、少なくとも50代前半、できれば40代の頃から「人生100年時代」に向けての自分なりの生き方、ライフプランのようなものを考え、そこに向けての準備をはじめておくべきなのだ。人生の折り返し点は50歳頃であり、50代はすでに人生の後半戦に入っているのだ。これは、前著でも何度も強調させていただいたつもりだ。

ところが大半の40代、50代のビジネスマンは、会社の再雇用制度などを使えばよいと、定年までの残りの日々を大過なく過ごそうとしているように思われる。もちろん、毎日仕事に追われている忙しさのなかで、なかなか先のことを考える余裕もない、ということもあるのだろう。

しかし、準備することなく定年を迎えてしまい、「こんなはずではなかった」というときに、その時点から定年後のルートを変更していくのは、なかなか難しい。定年後の再就職の市場は実に厳しい。望む仕事が見つからずに苦慮している人が多いことは、前の読者の方々からのメールからも推察できる。

仕事がしたいのに、仕事がない。こうした状況は、本人たちにとって不幸というだけではない。労働力不足の日本にとっても国家的なレベルの損失というほかはない。もっとシニアの労働力を活用すれば、人手不足も解消するのではないかと私は思うが、今の日本は残念ながらそういうシステムにはなっていない。

だからこそ今、1人ひとりが、「定年前後」に向けて頭を切り替えていく必要がある。切り替えがうまくいけば、まだまだ巻き返す余地はあるのである。

かつては自分も定年を心待ちにしていた

前著に対する読者からのコメントで、もう1つ強く印象に残ったのは、「できるだけ早く仕事を辞めたいと思っているのに、死ぬまで働けというのか」という悲痛な叫びだった。ほかにも「この本は要するに働け、働けといっているだけだ」というご批判もあった。

なぜこうしたコメントが記憶に残っているかというと、私自身、現役時代は同じように感じていたからだ。特に会社員時代、40代後半から50代の頃は本当につらかったし、定年が待ち遠しくて仕方がなかった。

当時は、平日の夕方6時か7時くらいから深夜まで、平気で会議が開かれていた。私は金曜日の夜の会議が終わると、そのまま成田から海外へ飛ぶ。帰国するのはだいたい月曜の朝だ。これが毎週続く。

飛行機の小さな窓から天空の星空を眺めながら、何度、バラ色の定年後を夢見たことだろう。いっそ辞表を叩きつけてアルプスの山小屋にこもってスキー三昧《ざんまい》の日々を送ろうか、などと考えたことも1度や2度ではない。世界を股にかけるビジネスマンといえば聞こえはいいが、この頃、週末を自宅で過ごした記憶がない。

そういえば当時の私のあだ名の1つは「鬼の郡山」だったという。私は決して怒鳴ったりはしないのだが、常に仕事のプレッシャーを抱えていた私の表情は険しいものだったに違いない。「寄らば切るぞ」という感じだったという人もいる。

だから、いただいたコメントに込められた切ない思いは痛いほどわかるつもりだ。

しかし今の私は違う。働ける限りは働き続けることが一番だと固く信じている。そして、会う人にはいつも「60代は働き盛り、健康であれば70代、80代でも働くほうが断然いい」とお伝えしているのである。

とんでもない変節のように思われるかもしれないが、それには理由がある。

定年後に見つけた「自分を幸せにする」働き方

その後、私は本社から子会社に出向した。会社の雰囲気は素晴らしかったのだが、仕事という点ではもの足りなさを感じるようになった。そこで、全国各地の大学で学生相手にビジネスの最前線についてレクチャーをするようになった。

すると、私の心に小さな変化が起こりはじめた。とにかく楽しいのだ。それまでは会社の数字を上げることが自分の仕事だと何の疑いもなく信じていた。それが、全国の大学に出かけてレクチャーをおこなうことで、自分にも社会の役に立つ仕事があるということをはじめて実感したのである。学生の目が澄んで輝いている。そのときの充実感はいまだに忘れない。

今、振り返ると、そのとき、仕事に対する私の考え方が大きく変わったように思う。

会社員時代は典型的な仕事人間だったが、儲けるための仕事はもういいという気分になっていた。

とはいえ、仕事人間であることに変わりはない。そこで、私はやりがいのある仕事を探すことにした。

すでに60代後半になっていたが、体力にも知力にもまだまだやれるという自信があった。何より「営業なら若い連中には絶対に負けない」というプライドもあった。自分のツテでいろいろと当たることにしたが、見事なまでに仕事はない。神経は図太いはずだが、私のプライドはいたく傷ついた。

その頃の私は、子会社でも仕事の第一線からは退いていた。新たなやりがいを求めて就職活動を続けた結果、ようやくあるベンチャー企業に「新卒の新入社員」として採用してもらった。

しかし気負い込んで働きはじめたはいいが、やはりうまくいかなかった。当然だ。パソコンをつくっている会社にいたのに、私はパソコンが使えなかったのだ。会社員時代にはパソコン作業は部下がやるものだと思っていた。今思えば昔は優雅な時代だった。

それに新しい会社は、若い人ばかりのベンチャー企業だ。4年ほど頑張ってみたが、私のようなシニアが派手に立ち回れる職場ではなかった。

結局、雇ってくれるところがないのなら、自分で会社を創るしかないと私は考えた。そして2004年2月、現在の会社を、友人とともに設立した。私が68歳のときであった。

やはり定年後の起業は「やってはいけない！」

会社を立ち上げるにあたって、私にはある強い思いが生まれていた。

ほかにはない独創的なビジネスモデルで差別化を図って事業を成功させたいという起業家精神が1つ。もう1つは「社会の役に立つ事業」にしたいという思いだ。

私の人材紹介会社はエグゼクティブリサーチで、普通は求人企業から先にお金をいただいて求職者を探すのであるが、当社ではすべて採用が決定してから報酬をいただく完全成功報酬方式とすることにした。前金をもらってしまうと、必ず人材を紹介しなければならない。無理な紹介をすると、採用した会社も採用された本人も不幸になる。

次に、仕事を探す人の立場に立って紹介事業をやろうと考えた。だから、会社から中高年を追い出すような仕事や他社から優秀な人材を引き抜くような仕事はやらないと決めた。しかし、求職者のための人材紹介事業という理念は、あまりにも理想主義的すぎた。当然ながら、求人企業がなければ人材紹介ははじまらないのだ。

もう1つの強い思いは私の体験から生まれたものだ。何としても定年後のシニアの再就職をサポートしたい。そのために多くの識者を集めて研究会を開いたり、市場調査をおこなったりしてみたが、残念ながら10年経ってもまだ目途は立っていない。ちなみにそのときの唯一の研究成果が「シニアの市場は成立しない」だった。

ところで私の前著を読まれた方からは、「人には起業はするなといっておきながら、なぜ自分は70歳近くで起業したのか」と、憤怒の声があがるかもしれない。前著では「60歳を過ぎて起業するのは『自信過剰』を通り過ぎてもはや『不遜』だ」などと強烈なことを言い放ったからだ。しかし、この発言も私の実体験に基づいている。

実は、今の会社を起業して4年後にリーマン・ショックがやってきた。結局、なんとか踏ん張って会社は生き残ったが、高齢になってからなけなしの貯金をはたいて会社をつくるなど、正気の沙汰ではないと悟ったのである。

このように、当社の事業内容には、私の現役時代からの転職経験や定年後の悪戦苦闘の体験が色濃く反映されている。同様に、私の過激とも思える主張の多くは、私の60年以上に及ぶ仕事経験、とりわけ苦い実体験に裏打ちされているのだ。

働くことが楽しくなるコツを身につける

どうせ働くなら楽しく働くことが一番だ。

私はすでに80代半ばであるが、ビジネスマンとして、大変楽しく充実した毎日を過ごしている。セールストークでも何でもなく、働くことが実に楽しい。

私だけではない。私の会社には定年がなく、60代、70代の高齢社員や個人事業主として契約しているパートナーさんもいるが、皆さんも同様の気持ちで日々、生き生きと働いてもらっている。

経営的にはどうかというと、細々とではあるが生き残ってはいる。それでも楽しいのは、競争や大儲けを目的としていないからだ。

なぜこれほど楽しいと感じることができるのだろうか。

現役時代にハードな仕事を経験している。その苦しさ、つらさを知っているからこそ、今の楽しさを感じとることができるように思う。

現役時代は毎日が息の抜けない〝戦い〟であり、競争だった。仕事自体はスリルがありエキサイティングではあったが、今のような楽しさや爽快感を感じたことは1度もなかった。もちろん今も、経営者としてのプレッシャーがないわけではないが、社内外の競争にさらされていた時代と比べれば天国と地獄だ。

もう1つの理由は、ほぼ毎日のように何人もの人が長文のお礼のメールをくれたり、わざわざ事務所に来て就職先での近況を報告してくれたりするからだと思う。これは会社の宣伝でも自慢でもなく、本当にそう思うのだ。もちろん、仕事上なかなかうまくいかないこともある。しかし、自分たちの仕事は世の中の人の役に立っている。そのことを日々実感できるのは、本当に気持ちのいいものだ。

人生の前半戦と後半戦では働き方が変わる

高齢になっても仕事を続けることは、本人にとっていいだけでなく、国や社会にとっても非常にいいことだ。もちろん家族にとっても、元気なうちは働いてもらったほうがありがたいはずだ。

ただ、人生の後半戦を楽しく働き続けるには「多少の工夫」がいる。

特に50歳から定年前後までの期間は、長い後半戦に向けて道筋をつける重要な時期だ。この間にタイミングよくギアチェンジや軌道修正ができれば、後半戦は間違いなくバラ色になると信じている。

それでは、ここらで人生の前半戦、後半戦の生き方や働き方について、私なりの考え方をまとめておこう。

まず、前半戦と後半戦とでは、働く意味合いがまったく異なる。

両者の違いは、簡単にいえば次の通りだ。

50歳までの前半戦では、必死に競争社会のなかで働き、会社の利益に貢献することで国や社会、家族を支える。当然、その競争に勝たねばならない。そもそも人間は人類を発展・維持させるために生まれてくるのだ。

ところが50歳からの後半戦では、競争に勝つことや利益の最大化を追い求める必要はまったくない。自分自身の生きがいを求めて、自分のために働く。

この違いをしっかりと理解して、前もって「切り替え」の準備をしておきたい。前述した「多少の工夫」とは、この「切り替え」のやり方と言い換えてもいい。特に大事なのが「気持ちの切り替え」だ。

実は、このことは、頭では理解していても、本当に肚落《はら》ちしている人は意外に少ないと私は感じている。逆にいえば、本当にこの「切り替え」ができている人ほど、新しい仕事に早く出合いやすいといえる。

人生後半は、もっと身軽に生きられる

ここで、少し補足しておきたい。

前半戦の生き方、働き方は、前述のような人類のためでも国のためでも地域社会のためでも何でもいいが、その発展や幸福の拡大のために、組織の一員として最大限貢献していくことが求められる。その貢献の見返りとして出世や報酬があり、それによって家族を守る。

実際にはその逆で、家族を守るために出世や報酬があり、それによって結果的に国家や社会に貢献するという考え方もないではない。

しかし前者のように考えたほうが、仕事に誇りが持てるし、何よりやる気が出るのではないだろうか。

どちらにせよ、「重い荷物を背負って遠い道を行く」ような苦労が続く。これはご存じのように徳川家康の言葉だが、家康の時代とは大きく変わったことがある。いうまでもなく寿命の長さだ。「人生50年」が「人生100年」に変わってしまったのだ。だから、家康は「人の一生は重荷を負うて遠き道を行くがごとし」といったが、今なら「人の前半戦は重荷を負うて遠き道を行くがごとし」というべきなのだ。

後半戦にまで前半戦の重荷を引きずってはいけない。前半戦が終わったときに、重荷はそこに置いてきて、身軽になることが大事なのだ。

つまり、前半戦で子育てや住宅ローンなどの負債は返し終えるなどして、できるだけ身軽になってから後半戦に入り、ゆっくりと歩き出すほうがいい。そのほうが、道中の景色も気楽に楽しめるだろう。

競わない、比べない、求めない

後半戦では「自分のために働く」といったが、誤解されるかもしれないので念のため補足しておこう。確かに前半戦のすさまじい競争社会で必死に生きている人に「自分のために働け」といっても「当たり前だろう」と鼻で笑われるのが関の山だ。

しかし、後半戦では、もはやあなたは「競争社会」のなかにいるわけではない。たいていの人であれば、後半戦は「共存社会」のなかにいる。大げさにいえばパラダイムの転換だ。社会の枠組みや基本的な価値基準が、根本から変わってしまうのである。

では「共存社会」とは何か。なにしろ人類はじまって以来、初の「人生100年時代」であるから、ここから先は想像してみるしかない。

ボランティアをやったことがある人ならすぐに理解できるはずだが、自分が充実感や幸福感を得るためには、社会や人の役に立つこと、社会や人から感謝されることが非常に有効なのである。しかもこの充実感には習慣性がある。何度やっても気持ちがいいので、病みつきになる。

これが「共存社会」の特徴であり、後半戦を生きるうえでのポイントの1つなのだ。

後半戦では、「競争」してまであくせく働く必要がなくなる。ということは、仕事を強制されることもない。だから自分の好きに生きればいいのだ。人の役に立つような仕事をすれば、長期にわたってやりがいを感じることができるし、楽しさを実感しながら長く働くことができるということだ。

つまり、幸せになりたいなら、お金のためにではなく、自分の心の満足を得るために働いたほうがいい、ということだ。

ただし、ボランティアのように無償で働くのではなく、多少なりとも報酬を受け取るほうがいいだろう。無償でやるのは週に1回とか、災害ボランティアなどだけにしておいたほうがいい。日常的に無償で活動するのは負担が大きいし、家族もいい顔をしないだろう。

とはいえ、子育ても終わり、年金が支給される頃には、前半戦のようにお金に汲々《きゅうきゅう》とすることもない。60代では生活の質を落とすことにはまだ抵抗があるだろうが、70代、80代ともなると、自然にお金のかからない質素な暮らし方に変わっていくものだ。それほどたくさん食べられなくなるし、それほど物も欲しくなくなる。

そうなると、他人の世話にならずに自立して生きているというだけで、幸福感を味わえる。病気や体力の低下で働けなくなったときのために、いくばくかの蓄えは必要だが、もはや出世のためやお金を稼ぐために必死に働く必要はない。

それでも多少の給料があれば、家計は助かるし、家で邪険に扱われることもない。何より、気持ちよく仕事をしていれば、心身ともに健康が維持できる。医療費や薬代の出費を抑えることができるだけでもメリットは大きい。

その程度の働き方で十分なのだ。だから余裕を持って社会のため、人のための仕事ができるということだ。

もう1つ、人生の後半戦は、自分で自分の生き方を決められる。これは前半戦でやろうとしても非常に難しいことだが、後半戦では好きなように決めていい。上司など誰かに命令されたり強制されたりということはない。何が楽しいかといって、これほど楽しいことはない。そのためにも、働いて自立することが肝心だ。

私は、後半戦の生き方、働き方はそういうものであるべきだと考えている。

名経営者に教わった、働くことの意味

私の会社員時代を一番長く過ごしたのが、ソニーという会社だった。私の人生後半戦において、ソニー時代のキャリアは必ずしも役に立っていないのではないかと思うこともあるが、ソニーという会社に入ってよかったことが1つある。それは創業者である井深大《いぶかまさる》氏と盛田昭夫《もりたあきお》氏とともに働けたことだ。

私が30代だった頃のソニーは、日本初のトランジスタラジオが大ヒットして東証への上

場を果たし、社名も東京通信工業からソニーに変え、海外事業の拡大に力を入れていた。

しかし、当時のヨーロッパでは技術力のある大手電機メーカーがしのぎを削っており、大変な苦戦を強いられた。

苦しいことの連続だったが、盛田さんはいつも平然としていた。そして先のことばかり考えていた。

「失敗したことは忘れろ。過去は振り返るな」が口グセだった。

盛田さんは、テニスでいくらレシーブを失敗しても「もう1回」を繰り返し、相手がうんざりするまで練習を続けるような、向上心の塊のような人だった。

盛田さんを見ていて、真の経営者とはこういうものかと感じたものだ。

仕事にしか興味を示さない盛田さんだったが、そのおかげで仕事の師として数々のことを教えていただいた。なかでも何度も聞かされた経営のコツに「3の法則」というのがある。この法則はよくできていて、私の仕事人生を何度も救ってくれた。簡単に紹介しておこう。

「経営をするときにはまず今日をどうやって乗り切るかを考えよ。今日が大丈夫そうなら明日をどう乗り切るかを考えよ。明日が大丈夫そうなら明後日を考えよ。明後日が大丈夫となればその次をとなるが、４日目以降は不確定要素が大きいのでじっくり考えても意味がない。そこで４日目以降は考えない。

次は、月単位で同じように考えよ。まずは今月をどうするか、次は来月、最後は再来月を考えよ。当面の３カ月間が大丈夫であればあとは考えない。次は今年どうするか、そして来年、再来年までの３年間について考えよ。その次は10年単位だ。最初の10年間、次の10年間、それから最後に30年後までを考えよ。その先は考えない」

これが「３の法則」である。

こうすれば、経営はうまくいくという実践的な法則なのだが、その本質は、あまり先のことを考えずに、今に集中して仕事を成功に導くための考え方である。

盛田さんは経営のやり方として教えてくださったが、これは人生にも応用できると私は考えている。実際、私は実践している（もちろん私はあと20年で十分だが）。

「人生１００年時代」を楽しく生き生きと過ごすためには、ぜひこの「３の法則」を使って、後半戦の生き方、働き方を考えてみてはいかがだろうか。

もう1人の師、井深さんは、盛田さんをはじめソニーの創業時のメンバーの誰もが師と仰ぐ存在だった。

井深さんは、儲けることには一切関心がなかった。ひたすら日本の復興のため、日本の国力増進のために技術で貢献しようと必死で考えておられた。

「ソニーが何のためにあるか皆さんは知っていますか。国の役に立つためにあるのですよ」が口グセだった。私は新入社員の頃から、井深さんの純粋な思いを叩き込まれて育った。

若い頃、盛田さんに何のために仕事をしているのか聞いたことがある。返ってきた答えは「井深さんの喜ぶ顔が見たいからだ。ただそれだけだよ」だった。

あの盛田さんにそういわせるだけのカリスマ性が井深さんには備わっていた。私にとっても、井深さんは別格の存在だった。

井深さんは学生時代にキリスト教に改宗されたと聞く。以来、敬虔なクリスチャンとして戦中、戦後を生き抜かれた。

井深さんからは「仕事の極意」のようなものをことさら教わった記憶はない。

しかし、人生の後半戦における生き方、働き方は、間違いなく井深さんの強い影響を受けているように思うのである。

第3章

定年前後「これだけ」やればいい

――3000人の再就職を見てきてわかった極意――

定年前後うまくいく人の10の習慣

前章までは、人生の後半戦に向けて必要となる基本的な考え方について解説した。ここからはシニア就職の現実に即して、定年前後に「やってほしいこと」を述べていきたい。

前著の反響として「シニア世代が実際に就職する方法について詳しく知りたい」という声は大きかった。早期退職、定年延長、再雇用、再就職と、シニア世代が過去になかった「定年前後」の難しい選択に直面し、戸惑っている姿がうかがえる。

それでは、どのように行動すれば定年後に希望通りの仕事が見つかり、満足度の高い後半戦を過ごせるのだろうか。

そこには、いくつかの行動原則や基本となるものの考え方が必要になると思う。人生の後半戦に入るにあたって、身につけておくべき「習慣」ともいえるものである。

本章では、そうした習慣をできるだけ具体的に紹介していきたい。

習慣 1

自分で動いて仕事を探す

近年、就職や転職をサポートする仕組みの発展ぶりには目を見張るものがある。その昔、新卒の若者や30代までの転職希望者は、新聞の求人広告を穴があくほど見て情報を手に入れていたものだが、現在は求人情報サイトで調べて、インターネット経由で応募するのが一般的だ。

就職や転職をサポートする仕組みはほかにもある。管理職以上なら人材紹介会社に登録したり、ヘッドハンターから直接連絡が来たり、あるいは今より魅力的なポストを用意されて人づてに転職を誘われたりと、昔ながらの方法で転職するケースがまだ数多くみられるようだ。

問題はシニアの再就職だ。就職や転職をサポートする仕組みが、その世代にはまったくといっていいほど整っていないのである。

試しにシニアの転職サイトや求人情報を検索してみてほしい。管理職の求人なども掲載する大手の「マイナビミドルシニア」は、対象が40代、50代、60代に限られている。60代以上を対象としている転職サイトはいくつかあるものの、梱包作業やクリーニング、配送、テレフォン・オペレーターなど、人手不足が顕著な仕事ばかりだ。いうまでもなく、役員や管理職など企業の中核を担うポストはほぼゼロである。

つまり現状、シニアに役立つ求人サービスはほとんど存在しないということだ。シニア向けの求人も見当たらない。企業が求めるのは、新卒の若者や30代40代といった前半戦の人材だけで、人生の後半戦に入ったシニアの活用はそもそも想定していないことがわかる。

もともと体力勝負では勝てるはずもないし、能力の伸びしろや成長の余地を考えれば、それも当然のことかもしれない。転職市場では、一昔前は「35歳転職限界説」が常識だった。35歳を過ぎた者は、能力が下降線をたどる一方だからと選考から外されていた。

この35歳という線引きには、もちろん客観的な根拠はない。

年齢による転職者の足切りは雇用機会均等の観点から問題があるという批判は多かった。そのため、平成19年の雇用対策法改正で、求人票には原則として「年齢不問」と表記することが義務付けられた。しかし、求人票から年齢条件が撤廃されても、シニアの採用が増えたわけではない。かえって求人する側も、応募する側も、時間と労力のロスが増えたといわれることもある。

最近は企業が「即戦力」を求める傾向が強まったため、ボーダーラインを35歳から40代に引き上げた企業が増えている。転職支援サービス「doda《デューダ》」が実施した「転職成功者の年齢調査（2018年上半期）」を見ると、それを反映するかのように、転職成功者の年齢の割合は、以前ならボーダーラインを過ぎていた35～39歳が全体の13％、40歳以上でも14％ある。この2つを合わせると27％、つまり転職成功者の4人に1人が35歳以上ということになる。

ただしこの調査にはそもそも「50代以上」というくくりはない。50代以上は「40歳以上」の14％に含まれるのだ。

国が「年齢不問」を企業に求めても、それはあくまで求人票の内容だけであり、実際にはシニアの積極採用に乗り出す企業はほとんどない。厳しいが、これが現実だ。転職者の年齢が上がってきたとはいえ、まだシニア世代には到達していない。

もちろんシニアのなかにも、素晴らしい能力と経験を持った方は多い。例えば、英語と中国語を完璧に操り、長期にわたる海外営業の経験を持っている65歳の男性。定年前は大手メーカーに勤め、1000万円程度の年収があった。

中国でネイティブスピーカー相手に営業ができる人材を探している企業は結構ある。この男性は、能力や経験の条件だけでいえば、まさしくマッチしている。

しかし残念なことに、その求人はすべてが40歳以下という条件付き、というのが現状だ。おそらくこのような経歴の人なら、どんな仕事でもこなせるだろう。経験不足の若い人を教育することに比べれば、コストはかからない。まさに即戦力なのだが、「65歳」という年齢だけで求人条件から外れてしまうのである。

これは決して珍しい例ではない。

人材紹介会社や求人サイトの市場で、そのような状況が簡単に変わるとは考えにくい。シニア世代ははじめから当てにしないほうが賢明だ。たとえ一部にシニアの採用を検討する会社があるとしても、シニアの求職者は年々増加しているのだから競争率は何百倍にもなってしまう。

だから定年前後の就職活動は、既存の仕組みを利用するのではなく、自分の足で探すことが何より重要になってくる。

友人、知人、ご近所などの知り合い、よく行くスーパー、居酒屋……とにかく思いつく限りのところへ出かけて、「働きたいのですが、何か仕事はありませんか？」と尋ねてみるのは有力な手段といえる。人づての情報で、転職サイトや人材紹介会社では見られない求人案件に出合えることがある。

今の日本は、全国的に人手不足の職場が多い。経営者は優れた人材がいれば、すぐにでも雇いたいと考えているが、お金をかけて求人するには躊躇《ちゅうちょ》している。市井に埋もれた求人情報は、自分の足で動いて見つけ出すしかない。たくさんの人に尋ね回るうちに、その手がかりは見えてくるものである。「まず自分で動く」ことが、再就職の第一歩となるのだ。

就職・転職サイトや人材紹介会社をあたることは誤りではないが、それはわずかな可能性に賭けているに過ぎないと強調しておきたい。パソコンで検索するだけで「就職活動をしている」と胡座《あぐら》をかいてはいないか。それよりも、汗をかくことが肝心だ。

絶対数が少ないシニアの求人は早い者勝ちの世界で、常に激戦区だ。だからこそ自分で動ける人は、それだけ早く、多くの求人に出合える。つまり、再就職が決まりやすいといえる。

習慣 2

なるべく早く定年後の準備に取りかかる

定年が迫った50代に入ってから、慌てて定年後の仕事を探しはじめる人は多い。しかし、早いに越したことはない。

できることならば40代、遅くとも50歳くらいの、まだ前半戦からの折り返し点にいる頃に、定年後の準備をはじめたほうがいいだろう。

準備とは、定年後にどう生きていくか、綿密な計画を立てることである。

「60歳になったら……」「70歳になったら……」とイメージを働かせて、将来、どんなことをしたいかを考えておく。こうした準備を40代のうちにはじめてほしい。

生活についてでもいいし、仕事についてでもいい。楽しんで生きていくためには、趣味も重要だ。定年後に起こるあらゆることを、可能な範囲でシミュレーションしておくと、後半戦に入ってから慌てなくてすむ。

例えば生活のことを考えてみたい。定年後のおもな収入を年金に頼ろうと思っていると、定年を迎えてほどなく困難に直面する場合がある。というのは、年金の支給開始年齢が65歳まで引き上げられたからだ。

加えて支給額のことも確認しておきたい。厚生年金の支給額の平均は、民間企業の会社員などであった「第1号厚生年金被保険者」で月額約14万５０００円。女性の平均額は約10万円である。また、60歳で定年を迎える場合には、年金がもらえるまで5年間ある。その間、年金繰上げ請求もできるが、そうすると65歳以降にもらう金額が減ってしまう。60歳で年金をもらわずに働かないでいると、貯金や退職金を切り崩して過ごすことになる。

定年を迎えて、退職金を切り崩しながら生活することはおすすめしない。退職金は何かあったときの蓄えとして残しておくほうがいい。

退職金の存在は、やはり大きい。厚生労働省が実施する「平成30年就労条件総合調査」によれば、定年退職者の退職金の平均は大学卒なら１９８３万円である。月収換算でおよそ40カ月分にもなる大金である。このお金があるとないとでは、安心感が大きく違う。

いうまでもないことだが、退職金は雇用期間が短ければ減る。１９８３万円という平均額は、同じ企業に20年以上勤務した場合だ。つまり、退職金に期待したければ、転職はできるだけしないほうがいい、ということになる。

理想をいえば、前半戦ではできるだけ転職をしない。同じ会社にできるだけ長く勤めて、勤続年数と技能を蓄積する。そして後半戦に入ったところで、定年後を見据えた新しいキャリアをスタートさせるのである。

もっとも、企業とのミスマッチは誰にでも起こり得る。私も新卒で就職後、すぐに転職したが、「やはり会社というのは働いてみないとわからないものだ」と感じたものだ。「どうしても会社と合わない」と悩んだり、滅私奉公を強いるようなブラック企業に入ってしまったと後悔したり、「この会社は社会の役に立っていない」と感じたりしたなら、転職を躊躇することはない。

ただし、転職は2回までと肝に銘じてほしい。転職の数が多いと、「この人は辞めグセがある」と思われてしまうからだ。

転職を奨励するようなテレビCMも数多く目にするが、何度も転職している人は、定年後の再就職においても不利になる。同じ企業に在籍し続けることは、退職金を考えても、あとあとの再就職においてもプラスに働くと考えてほしい。

貯蓄や退職金は、定年後の命綱となる。「貯金はいくらある」「年金と退職金はいくらもらえる」というように、きちんと細かく計画していないと、思わぬ苦労をすることになる。

年金も退職金も人によってもらえる金額は違う。50歳を過ぎて後半戦に入ったら、定年後に自分がいったいいくらもらえるのか、自分で計算しておくべきだろう。

再就職できたとしても、シニアの月収は現役時代と比べて低いものだ。仕事が決まったはいいが、月々の生活に苦労することも考えられる。想定していた月収とのギャップに驚かないためにも、定年後のお金の見通しについて、1度考えておくことをおすすめする。

そして、定年後あわてないためにも、40代後半、あるいは50代前半から定年後の再就職活動をはじめてみてはいかがだろうか。「僕が60歳になったらあなたのところで働かせてください」と聞いて回って、定年後の仕事に当たりをつけておくのだ。

転職先の1つとして考えたいのは、「定年の廃止・延長制度」がある会社だ。厚生労働省の平成30年「高年齢者の雇用状況集計結果」（従業員31人以上の企業15万6989社の状況をまとめたもの）では、定年制を廃止した企業は2・6％、65歳以上定年の企業は18・1％、合わせて20・7％であった。まだまだ多くはないが、そうした会社に移れば定年後も長く勤められる。今の職場環境が気に入っていたとしても、それは一時の満足だ。先々の働き口のことを考えるなら、後半戦を迎えてすぐに転職するのも選択肢の1つである。

私は、会社に定年という制度があるのはいいことだと思っていると、前に述べた。そのもう1つの理由は、定年のことを考えるときが、その後の人生の計画を立てる絶好の機会になるからだ。

無理なく持続可能な定年後を実現するために、何が必要で、自分は何をすべきなのか。その答えをできるだけ早く見つけ出すことが、納得のいく後半戦にするためには、とても大切なのである。

習慣3

「望む仕事はない」と頭を切り替える

「私は今まで大企業の営業部長を務めていました。もうすぐ60歳ですが、英語力にも自信があるし、あと10年は第一線で活躍できます。今までは年収１８００万円ほどでしたが、それを８００万円まで下げます。希望は、海外営業のポジションです」

このように具体的な採用条件を示して再就職先を探しているシニアは多い。ただ、そういう求人はなかなか見つからないのが現実である。

なぜなら、前述の通り、サラリーマンの転職は45歳から50歳くらいまでが上限であり、どんなに優秀な方でも定年後に以前と同じ仕事は探せないからだ。だから、定年後に再就職を希望する場合、今までの延長線上にある仕事には就けないと思ったほうがいい。

職種だけでない。報酬面も思い通りというわけにはいかない。年収額を、社会における自分に対する評価だと思っている人は多いものだ。そういう人は、思い通りの年収を得られない事実をなかなか受け入れられないので、再就職活動では苦労しがちである。

しかし、よく考えてみてほしい。一般的な会社において給与が上がるのは50歳前後までである。その先は役員など経営に携わるようなポジションにならなければ、給与は頭打ちとなる。役員でも、業績を上げなければ、報酬が一気に下がることもある。残念ながら、ほとんどの会社は50歳を過ぎた社員の給与を上げる必要はないと考えており、評価するのをやめてしまうのだ。昇給制度は前半戦の人のためのものと思ったほうがいいだろう。

後半戦に入ったなら、まずは給与が自分に対する評価だと考えるのをやめることだ。給与は、あくまで「やった仕事への対価」である。そう捉え、自分をどんな基準でどう評価するかは、自分で決めるようにしたい。

自分をどう評価するか、その評価軸は、仕事の内容に求めるといい。ともすれば、定年前と同じ仕事に就けなかったと自信を失う人もいるだろう。だが、自分は本当に今までやってきた仕事でしか活躍できないのだろうか。「社会の役に立つ」という視点に立って探せば、やりがいを持って取り組める仕事が、ほかにもたくさんあるはずである。

自分が長年、仕事を続けてきたことや、その仕事でいくつもの成果を得てきたことを自負するのは当然のことだ。その仕事から離れて違う仕事に就くことが不安なのも、また当然である。私も定年後に別の業種に移った経験があるから、そうした思いはよくわかる。

しかし、今まで長年勤めてきた業界以外では役に立たないということはない。「自分がやりたいことは何か」ではなく、「自分にできることは何か」と考え方を変えてみてはいかがだろう。

海外事業を手がけてきて英語ができる人なら、英語の講師にもなれるはずだ。営業をやってきた人なら、接客はお手の物だろう。仕事で培ってきた能力だけでなく、音楽やスポーツ、書道、ガーデニングなど、趣味の能力を活かせる道もあるはずだ。

人間には多面性がある。自分のやりたいことを追求するという姿勢ではなく、まずは「自分に何があるのか」を把握することが大事だ。転職のためには職務経歴書を書くから、つい仕事の経験に着目しがちだが、それが重要な意味を持つのは、実は前半戦の人だけである。シニアのよさは、仕事以外にも幅広い経験値を持っていることだろう。そういう視点で棚卸しをしてみると、自分のなかにはさまざまな要素があることに気づく。そうすると、「自分はいろいろなことができる」と勇気を持てるはずである。

シニアの転職では、求職者と採用側がお互い歩み寄ることが何より重要だ。求人を探しながら、企業、社会が求めている仕事とは何かを知っていく。そうした仕事に、自分のなかのどんな要素がマッチするのかを考える。面接では、自分がさまざまな経験という〝商品〟を持っていることを企業に見せるのだ。企業はそのなかから使えそうなものを選んで買う。これがシニアの就職活動のポイントである。

翻《ひるがえ》って、業界や職種、年収などの条件を先に提示するという方法は、自分が企業を選んでいるに過ぎない。そのやり方では、企業に選んでもらうのは難しい。後半戦を生きるシニアは、企業に選ばれるかどうかがカギであることを、しっかり意識してほしい。

就職活動そのものを楽しんでいるシニアの方も多数いる。そういう方は再就職を「人生でそう何度もないことだから貴重な経験だ」と捉えている。この発想は見習いたい。私自身、転職を経験したときは、すぐに再就職先が見つからなかったが、探せば探すほど世の中のことを正確に捉えられるようになり、貴重な情報を得た思いだった。粘り強く仕事を探した経験は、再就職後にもきっと役立つだろう。

10年後、20年後を考えるなら、就職活動での失敗も財産である。どんな形であれ「現実を自分で体験する」ことができるからだ。

過去の活躍していた頃の自分は、忘れるくらいでちょうどよい。「自分が望む仕事はもうないかもしれない」と頭を切り替えよう。定年後の職探しは、新たな自分の可能性を探すための「貴重な体験」と割り切る。自分が必要とされる仕事が見つかれば、それが何より素晴らしいことではないか。

再就職後に、どんな姿勢で働くのかも考えてみたい。

仮に希望する就職先が見つかったとして、その会社で業務経験を積んで出世したいと思うか？　出世を目標に頑張るのは、前半戦でさんざんやってきたのだから、後半戦では「幸せに働く」という目標に、意識を切り替えるといい。そうすれば、前向きな姿勢で仕事に取り組めるだろう。

習慣 4

「100歳まで生きる」と腹をくくる

私たちシニア世代はまさに大変化の時代を体験した。

例えば私が生まれた1935年頃の平均寿命は、男性は46・92歳、女性は49・63歳だった。1950年頃、つまり団塊の世代が生まれた頃に、ようやく男女ともに平均寿命が50歳を超えた。

昔は50歳といえば〝長生きした人〟というイメージだった。人生は50年で完了だと誰もが思っていた。それがいつの間にか寿命は延びに延び、ほとんど倍になった。2017年の平均寿命は男性が81・09歳、女性は87・26歳（厚生労働省「平成29年簡易生命表」より）。驚くべき数字である。

今のシニア世代は自分が80歳以上まで生きるとは夢にも思わず、60歳の定年を人生のゴールと考えて働いてきた。しかし、今や定年は65歳まで延び、それでもなおゴールではない。残りの寿命を考えればまだまだ先は長い。試合が終わったと思ったらまだ延長戦が残っていたという、キツネにつままれたような気分になっている人も多いだろう。

定年がゴールだと思われていたのは、定年後に働かなくてもよかったからである。

昔は日本経済が活況だったので、会社員であれば退職金がたくさんもらえた。年金の支給開始年齢も今より早かったこともあり、定年まで勤め上げれば誰でもそれなりの資産を築くことができた。その頃には住宅ローンは払い終えているし、子どもも成人している。待っているのはバラ色の老後だった。毎日好きなことをしながらのんびり過ごし、たまに旅行へ行く。それが普通だった。

ところが、今はそうはいかない。税金や医療費の負担はどんどん増えていくが、年金の支給額は減るばかりだ。金利が上がることもほとんど期待できない。寿命は延びたが、老後の生活は難しくなったと感じる。悠々自適な暮らしはもはや待ってはいないのだ。

「ようやく定年を迎えたのにまだ働かなくてはいけないのか」とうんざりしている人もいるかもしれない。

しかし、世の中は変わっている。うんざりしている暇はない。予想とは違っていても、定年後の長い人生を楽しく切り抜けていこうではないか。

今は圧倒的な人手不足社会である。国内の有効求人倍率は2017年10月から2018

年末までおよそ1・6倍で推移し続けている。

帝国データバンクの「人手不足に対する企業の動向調査（2018年10月）」では、国内の企業の半数に当たる52・5％が「人手不足である」と回答した。東京オリンピックや大阪万博も控えており、今後も人手不足は進行していくと思われる。

昔のシニアは「定年になったらあとは若者に任せてゆっくり休む」ことが国から期待されていた。今は違う。シニアに期待されているのは、「今まで培ってきた経験を活かして社会に貢献していく」ということである。

人は何かに夢中になることで喜びを感じる。「老後も働かなくては」と後ろ向きに考えるよりも、「これからも誰かの役に立っていこう」という前向きな気持ちで、楽しく働くほうがよいではないか。年をとるとローンは終わり、子どもは巣立ち、食は細る。つまりお金はあまり必要なくなってくる。少なくとも、稼ぐことに必死になる必要はないので、のんびり働けばいい。

自分のやるべきことがあって、健康に暮らしていければ、人は幸せになれる。豪邸に住んでいるとか、高級車を何台も持っているとか、そういった物質的な基準で幸福は測れない。極端な話、高級住宅地の豪邸に住んでいても、友人もなく毎日暇を持て余しているような生活は幸せだろうか。

裕福ではなくても、仕事をして「ありがとう」といわれたり、友人と趣味を楽しんだり、会社員時代にはできなかったボランティア活動をしたりと、誰かから必要とされる生活には「生きがい」がある。

まずはもう1度自分を見つめ直してみよう。前半戦の頃と比べてあらゆる点が変わっているはずである。

若いうちは、同じ年齢ならみんな、同じような経験を積んでいた。生活の状況にそれほどの違いもなかったし、まだ20年ほどしか生きていないので考え方もそう変わらない。

反対に、シニアには多様性がある。お金持ちもいれば切り詰めた生活をしている人もいて、経験にも差がある。価値観や考え方が人によってまったく違う。年齢が同じでも、ひとくくりにできない。

これだけ違いがあると、誰にでも通用する一般論はないので、他人のモデルケースを鵜《う》呑《の》みにしたり、自分を無理矢理型にはめたりすることはできない。人生のプランを、1人ひとり個別に考えることが重要になってくる。

大切なのは、100歳まで生きると腹をくくることだ。100歳まで生きると腹をくくれば、定年は絶望でも恐怖でも社会からの脱落でもない。単なる人生の通過点となる。定年を機に、自分のペースで社会に貢献していくことに人生を切り替える。そのために用意されたシステムなのだ。

定年後の時間の長さは人それぞれだが、30年から40年もの時間が残されていると思えば、何もしないで過ごすには長すぎる時間である。それならば、社会から必要とされる定年後を過ごそうではないか。

習慣 5

ログセは「何でもやります」

再就職先がなかなか決まらない状態が続くのは、つらいものだ。預貯金や退職金などの蓄えが目減りしていき、精神的にも落ち込んでいく。そんな状況を打破する魔法の言葉がある。それが前にも触れた、

「何でもやります」

である。

シニアの再就職にあたっては、あれこれ細かい条件をつけないほうがうまくいく、というのが私の考えだ。その理由は2つある。

第1に、再就職を仲介する側は、条件をつけない人には仕事を紹介しやすい。以前とまったく違う仕事や困難に思える仕事でも、とにかく紹介はしてみようと思う。前述したように、実際に応募するかどうかは、見てから決めればいい。自分が見る前に候補から外されてしまうのはもったいない。

第2に、条件をつけない人であれば、企業側も面談しやすい。求職者側の都合を考慮する必要がないので、「とりあえず検討してみようか」と気軽に選考できるのだ。実際、条件をほとんどつけずに「どんな仕事でもする」といっている人がいますよと伝えると、「とりあえずどんな人か教えてほしい」といってくる企業はあるものだ。

ある人は「ＩＴ系企業ならその他の条件は一切問わない」といって仕事を探した。本当は業種にもこだわらないほうがいいのだが、本人がそこだけはこだわりたいといっていた。すると、2つの企業が「何でもやるというなら検討するので紹介してほしい」と連絡してきたのである。「雇用条件はよくないがそれでも問題ないか？」と念押しされたため、どんな悪条件が提示されるものかと戦々恐々としたが、最終的には定年前の給与からそれほど下がらない年収額で採用された、といったケースもあった。

転職活動は、まず求人に出合わなければはじまらない。求人に出合うために、「何でもやります」と表明しておくのが一番だ。「何でもやります」というスタンスで構えておくと、自分とマッチする求人が転がり込んでくるものだ。もちろん、たくさんの求人を手にしても、あれはイヤだ、これはできないと選り好みをしていては、条件を設定しているのと変わらない。口だけではなく、本気で「何でもやる」覚悟を持とう。

本音をいえば、「何でもやります」と言い切るには抵抗があるという人が多いだろう。しかし、業種も職種も待遇も気にしないでまず飛び込んでいく人は、再就職でうまくいく確率が高い。「何でもやってみよう」というオープンなマインドは、求人情報を集めるだけでなく、楽しく働いていくためにも必要だ。「何でもやります」と口にすることは、思い切ってやってみようという積極的な気持ちを後押ししてくれるはずだ。

前職と違う仕事に再就職して、当初は抵抗があったが、「今では楽しくてしょうがない」と連絡をくださる方もいる。65歳になるその方は、営業マンとして海外出張にも行っているという。その仕事を紹介した当初は、移動の負担が多いことに難色を示していたが、一転して最近では「今度はアメリカに行くんです」などとうれしそうに語っている。再就職先には定年もないので、働けるまではいつまでも働くつもりだという。

このように、「何でもやります」に加えて、「どこへでも行けます」という人は、再就職の確率は上がる。出張が多いというケース以外にも、地方勤務の求人なども結構あるからだ。

想定していた仕事とは違っても、飛び込んでみれば楽しかったということもある。「何でもやります」が切り拓いた道である。

習慣 6

シニアだからこそ、マナーを大切にする

就職活動というと履歴書や職務経歴書等に記載する内容のことを真っ先に考えてしまいがちだが、まずそれ以前に、ビジネスマンとしてのマナーをおろそかにしないことが肝心だ。

繰り返すが、シニアの就職活動は競争率が高い。定年後、すぐに再就職している人は、条件や能力以前に、身だしなみや言葉遣いなどが完璧に整えられているものだ。何十年もビジネスの第一線で活躍してきた者として、人に会うときの基本的なマナーはきちんと身につけておきたい。

身だしなみや言葉遣いだけではない。自分がどんな人間か、どんな仕事をしてきたのか、明快に他人に伝えられるようにしておく。シニアの就職活動といえども、就職活動であることには変わりない。新卒の学生でさえ、身だしなみを整え、言葉遣いを練習し、面接での受け答えをトレーニングしてから就職活動に臨んでいる。

初対面の人間の第一印象は3〜5秒で決まるという説がある。その説に基づけば、面接室に入った瞬間の表情、挨拶の態度、言葉遣いで、ある程度の人物評価が終わってしまうということになる。裏を返せば、最初にプラスなイメージを持ってもらえば、採用に向けてかなり前進するともいえる。

いくら能力があっても、基本的なマナーを身につけていない人は、プロフェッショナルの世界では受け入れてもらえない。第一印象で悪いイメージを持たれてしまうと挽回が難しい。その後のアピールがマイナスに受け取られかねない危険性もある。

読者の皆さんには、定年までずっとビジネスの世界で戦ってこられた方も多いと思う。今さら就職活動のマナーを説かれるのは釈迦《しゃか》に説法かもしれないが、大切な部分なので、再確認してもらいたい。シニアだからこそ、より気をつけたほうがいいこともある。

・身だしなみ

人間は最初に視覚情報を得る。見た目は最優先で整えたほうがいい。客観的に見て清潔感があるか、家族などにチェックしてもらうのが望ましい。こういうときこそ、妻や子どもの支えが重要だ。

髪は短めに切って、少量の整髪料でさっぱりとまとめる。女性の場合、髪が肩より長ければまとめるようにする。最近はあえて白髪染めをしないグレイヘアが流行しており、必ずしも真っ黒に染める必要はないが、キーワードは「清潔感」である。

髭《ひげ》は剃ったほうがいいだろう。生やすなら、毎日欠かさず手入れをすること。サンタクロースのような長い髭はご法度である。

・服装

身につけるものは、派手な色やデザインを避ける。スーツ、ワイシャツ、ネクタイなども同様に落ち着いたものを用意する。

高級すぎるものは絶対に身につけないように。嫌みな印象を与えかねない。高価な腕時計は面接では外して、数万円以下の実用的なものを着用することだ。

服装は、正しい着こなし方をしているのはもちろん、今の体型と合っているかも重要。無理矢理流行に合わせるより、似合うかどうかで判断しよう。

・言葉遣い

話し方、言葉遣いはすぐに直せないので常に意識してほしい。特に敬語・丁寧語は、正しいかどうかを自分だけで判断せずに、話し方の本などで確認する。また、業務上の用語には業界独特の言い回しがあるので、一般的な言葉遣いかどうかを確かめておくといい。

シニアの場合、意図せずに聞き取りにくい話し方をしてしまうケースがある。話す速さや発音に気をつけよう。わかってもらえるはずだという思い込みは捨て、1回話したくらいでは相手には伝わらないと思うくらいでちょうどいい。

メールなど文章のやりとりでは、日本語のルールを再確認する。重要な取引先に連絡するつもりで、最も丁寧な言葉遣いを心がける。もちろん、送る前に見直して、誤字脱字などのケアレスミスを防ごう。

・履歴書／職務経歴書

履歴書や職務経歴書はメールなどと同じく内容を吟味して書く。簡潔で明解な文章を意識する。推敲は細心の注意を払ってほしい。

転職の場合は、指定がなければ履歴書や職務経歴書はパソコンで作成しても構わないが、手書きを求められた場合には手書きする。書類の扱い方にも注意。折り目やインクのシミがあってはいけない。もちろん修正液や修正テープを使うのも不可。間違えた場合は書き直そう。送り状など基本マナーも忘れずに。

企業は書類の印象だけでも人を判断する。ことさらに自慢話ばかりになっていないか、必要な業務経験はすべて記入しているかを客観的に評価しよう。

習慣 7

“過去の栄光”は履歴書に書かない

履歴書や職務経歴書に、前職の功績を考えつく限り書いてくる人がいる。自分の価値をすべて知ってもらいたいと思うあまり、「社長賞を何度ももらった」「売り上げトップを維持し続けた」など過去の栄光でいっぱいの履歴書になってしまうのだ。

少しでも自分をアピールしたい気持ちは痛いほどわかるが、過去のことはあまり書かないようおすすめする。ほとんど無視されるか、ネガティブに受け止められてしまうからである。

50代以降に転職するときには、前の会社での活躍は評価につながらないと心したい。

企業目線で考えれば、50代以上の転職者は「何万キロも走ってきた中古車」のようなものだ。それでも乗ろうと思うのは、まだ十分走れて、故障が少なく、新車を買い替える費用を抑えられるからだ。

つまり中古車は、「安さ」「今後どれだけ走れるか」「急に故障しないか」が問われている。「今までどれだけの車を追い越してきたのか」が評価されるわけではない。また、古びたボディを塗装し直したところで機能は上がらず、新車のときほどのスピードはもう出ないだろう。

シニアの就職活動においては、過去の経歴がどれほど輝かしくても、単なる自慢話としか受け止められない。それどころか、「実績を上げたのは前の会社での話で、前の会社の商品を売っていたときのことではないか。きっと部下や上司、そして商品に恵まれていたから達成できただけだろう。うちに来て同じ業績が出せるのか？」と、採用担当者の反感を買う可能性すらあるのだ。

「昔取った杵柄」はこれまでの人生の財産かもしれないが、それを次の人生の拠りどころにしてはいけない。過去を掘り起こしても、前進する糧にはならない。過去は切り捨てて、未来の仕事だけを考えよう。

履歴書や職務経歴書の基本は、単純明快に書くことだ。前の会社の業種と担当業務内容を伝えれば、大まかな能力は判断できる。むしろ、長く書くだけ「くどい」と思われやすい。書くことはせいぜい名前、住所、学歴、職歴などの情報と簡潔な自己アピール。あとは資格くらいに留めるべきだ。受賞歴、趣味、希望待遇などは、一切書かないほうがいい。

自己アピールは、自慢話にならないように書くこと。「どこで、何を、何年やっていたか」がわかるくらいで十分だ。分量は欄の大きさに合わせて、長すぎず短すぎずで調節するといいだろう。

私の経験上、趣味や特技を書いてプラスになることはない。それでもよかれと思って、趣味や特技を長々と書いてくる人、さらにははるか昔の学生時代の思い出まで書いてくる人がいる。

「中学入学から高校卒業まで6年間、野球に打ち込んだ」「大所帯の部活動の部長を何年も務めた」――こんなふうに学生時代、何かに没頭した経験を書いてくるのは、1960年代から70年代のスポ根ブーム時代に青春を過ごした方に多いようだ。元気が売りだった新入社員時代には役に立ったかもしれないが、シニアになった今、がむしゃらさや頑張りがプラスに働くことはない。たとえ高校野球で「甲子園に出場した」輝かしい体験でも、話のネタになるかどうかという程度だと覚えておいてほしい。

特筆事項として書くべきは、新しい仕事で有用な資格だけだ。それも「簿記2級を持っている」「TOEICで800点以上取った」など、実務で使えるレベルの高度さが最低限必要である。極めて専門的な資格を除き、TOEICやTOEFLのような有名な資格は、ほかの人より優秀かどうかを判断される。多くの人が挑戦するＴＯＥＩＣなどは高得点保持者がゴロゴロいるので、７００点以下なら書かないほうが無難である。

資格ではないが、書いておくほうがいいと思うのが、扶養家族についてだ。家族は今すぐ用意できる類のものではないし、採用の条件にもならない。しかし応募者の生活が安定しているかどうかの指標にされる場合がある。経理などの仕事は、シニアで独身だと責任感がないのでは、と思われ、採用されにくいケースもあるようだ。職種によっては「扶養家族がある」と書けば、雇う側に安心感を与えることができる。

習慣 8

スタープレイヤーを目指さない

新入社員として会社に入り、仕事を覚えて出世していく前半戦は、いってみれば競争の世界である。プロスポーツでいえばプレイヤーとして競技に打ち込んでいるのと同じだ。常にライバル選手がいて、ポジション争いや年俸の多寡、あるいはチーム内での序列など、あらゆることで競争を繰り広げることになる。

しかし、50歳を過ぎて後半戦に入ると、競争する必要がなくなる。自らがプレイするのではなく、もっと若いプレイヤーたちを支える立場に代わるからだ。それに従い、「誰かを蹴落として生き残る」よりも「みんなと協力して生き残る」ほうに目的がシフトしていく。

そこで後半戦では、前半戦のようにスタープレイヤーを目指すのではなく、競技を裏から支えるコーチのような存在を意識すべきだ。

プロ野球選手を例に説明するとわかりやすい。新人選手（新卒）として球団に入るのが

10代後半から20代前半。そこから、レギュラーの座をめぐってライバルと激しく争う。レギュラーになれたら、今度は投手なら最多勝利や最多セーブなど、打者なら首位打者や最多本塁打など、個人成績のトップを目指して競争していく。現役バリバリのプレイヤーになって、ひたすら競争するのが前半戦である。

ある程度の年齢になると、選手を続けるのはそろそろ厳しくなってくる。体力面で衰えてきて、若手選手と第一線で張り合うのは難しい。そのうちに現役を引退して、選手を支える側に回ることが求められる。

コーチに転身して、若手を育成する人もいる。グラウンドキーパーになって、現役選手が気持ちよく試合ができるような環境づくりをする仕事もある。プロ野球選手なら遅くとも40歳前後には引退してセカンドキャリアに転身する。ビジネスマンなら50歳が現役引退のタイミングと考えるといい。

競争は素晴らしいことだ。資本主義社会の基本は競争原理である。勝った者が利益を得るから、勝つために競争する。競争があるからこそ、科学技術や生産物、製品・サービスなどが発展していく。競争の過程で優秀なプレイヤーも生まれる。

競争社会において活躍しているのは一見、プレイヤーだけに見えるが、健全な競争を維持するには、裏方に徹する人間の存在が欠かせない。後半戦では無理にプレイヤーを続けようと考えなくてもいい。むしろ裏方として、プレイヤー時代の経験を活かしながら選手を支える役目に就くほうがその人の力が発揮できる。

プレイヤー時代はただ結果を出すことに終始していればよかった。サポート役に回ったら、結果は直接の評価軸ではなくなる。自分の役割をしっかり意識し、健全な競争の維持に寄与していくことが求められるようになる。サポートする側に大切な価値観は、競争ではなく協力である。協力して世界をよくしていくことが、後半戦のテーマとなる。

現役を降りることは一抹の寂しさを感じるかもしれない。それも最初のうちだけだ。サポート役に回ると気持ちがとにかく楽になる。後半戦では、前半戦で背負っていたプレッシャーから卒業できるからだ。前半戦のプレイヤー時代のように勝ち負けで一喜一憂しなくなるし、必死に能力や技術を磨いたり、アスリートなら体を鍛えたりしなくてもよくなる。原則、好きなやり方で社会に貢献すれば自分の役目を果たせるのだ。

平成も終わろうかという今、「人生100年時代」といわれはじめ、年金や介護などの心配は尽きず、定年後はとてもバラ色とは口にできない。定年の前後で何が変わるのかと思う人もいるだろう。それでも定年は「今までお疲れ様でした」と社会が定めたラインである。その後、また働くとしても、前半戦で背負っていた重荷からはすでに解放されているだろう。

後半戦はムダにフラストレーションをためず生きていくのがいい。上を目指し続けてはキリがない。給料が減るのであれば、その分、生活レベルを落として、食べていくのに困らない程度の労働を楽しめれば十分ではないか。

競争社会で活躍している人たちを支える仕事が、ビルの管理人や企業の監査役、研修講師、清掃、警備などだ。社会の側も、「裏方になって健全な競争社会を支える」という役割を、シニアに期待している。その期待は日本社会全体の人手不足もあって年々強くなっている。

シニアへの期待が増しているのはシニア自体にとって非常にいいことだ。「まだ働かなくてはいけないのか」と受け取るのではなく「まだ必要としてもらえるのだ」とプラスに捉えると働くことや生きることが楽しくなる。

輝かしい過去があると「私はスタープレイヤーだったのに、ただの管理人になんて、とてもじゃないがなれない」と思う方がいるかもしれない。仕事に貴賤なしとはいうものの、前半戦と後半戦で仕事の刺激や達成感、まわりからの評価のギャップに戸惑う気持ちはよくわかる。

しかし、プレイヤーから裏方に回るからといって、人間の価値が落ちるわけではない。正しくいえば、前半戦で評価された仕事の能力やポジション、給与でさえ、人間の価値とは一切関係がないのだ。

では、人間の価値を決めるのは何か。最終的な物差しになるのは、「自分が幸せと思えるかどうか」だと私は考えている。

給料を多くもらっていれば幸せなのだろうか？

幸せとはそんなに単純なものではない。ある程度の生活ができて、健康的で、何かしら社会に貢献できれば、人は十分幸せを感じることができるに違いない。

習慣 9 介護はしない。自分も介護されない

介護はシニアが直面している大きな問題の1つだ。

「80・50問題」をご存じだろうか。80代の親と独身の50代の子が同居し、介護に追われることで仕事ができず、生活苦に陥っていくという問題である。介護に疲れ果て、そこに貧乏が追い打ちをかけ、無理心中するといった悲惨な事件も起きている。これは決して他人事ではない。

私はこれまで「50歳でも80歳でも年齢に関係なく精力的に働いてほしい」とお話ししてきた。いくつになっても仕事の探し方次第でまだまだ働ける。働く能力と意欲があるのに、介護のために時間を奪われるのは国家的な損失だとさえ思う。介護のために仕方なく仕事を辞める「介護離職」などはあってはいけないと考えている。生涯、働き続けるためには、「介護はしない」「自分も介護をされない」と心して対策を練るべきである。

欧米では、介護が必要な人は家から出てグループホームに入るのが一般的である。10人

に満たない数の介護士がまとめて20人から30人の面倒を見る。介護を受ける人3、4人につき介護士1人という配置でよく、経済的である。「80・50問題」のケースのように、一対一で付きっきりで介護するのと比べ、費用もマンパワーも少なくてすむ。もともと欧米では成人した親子の同居は少なく、子どもが親を介護する前提が存在していない。家のなかで家族が介護する代わりに、グループホームが普及した。

日本でも介護が必要になったら、第一に、グループホームのような介護施設を活用することを考えるべきだろう。そうした施設は地方を中心に増えてきている。地方から大都市に出てきて働く子ども世代が、親の介護のために地元に戻るのはあまりにも負担が大きく、地方に住む親を介護したくともできないからだろう。介護が必要な親をグループホームに預けることができれば、子ども世代は大都市で仕事に集中でき、それで得る収入の一部を親が入っている介護施設の費用に無理なく回すことができる。グループホーム増加の流れは、労働力の損失を減らすという意味においても国益に適うはずだ。

介護をしてもらうつもりでいる親には、いいにくくとも「私たち子どもの世話になってはいけない」とはっきり伝えよう。自分が入るのだから、施設の利用料も自分で負担するようにいおう。それが介護による心中などの不幸を避ける手段だ。40代、50代の方は、自分の子どもたちを当てにしないよう、万が一、介護されるようになったときのための蓄えをつくっておかなければならない。

このような考え方は、最近の若い世代には比較的素直に受け入れられるようだ。両親が祖父母を介護する姿を見て育ち、その大変さがよくわかっている。将来的に自分が介護される可能性にも目を向ける人が増え、「自分は親の介護で苦労したくないし、わが子に自分の介護で苦労させたくもない。もし介護が必要なら自分で施設に入ればいい」という考えが浸透してきていると感じる。

「介護によって仕事を辞めざるを得なくなり、生活が苦しくなる」という悪循環に1度陥ると、脱出は容易ではない。そうならないための自衛策も、今から考えておこう。

介護が不要になる自衛策の基本は、健康を維持することだ。「親も自分も子どもも皆が働くこと」が一番と私は思っている。きちんと働くためには健康であることが必須なのだから、体のメンテナンスに気をつけるようになる。明日も元気に働くために、栄養のバランスのとれた食事をし、早寝早起きを励行する。体を清潔に保ち、病気の原因を寄せつけないようにする。そんな生活が身につけば自然と健康は維持できる。

また、健康を保つためには適度な運動も必要だ。働いているときは気づかなくても適度に体を動かしているものだ。ところが定年退職で仕事に行かなくなると、体を動かす機会が極端に減ることが多い。

ならばスポーツジムに通うべきかというと、そんな必要はない。外出のときに最寄りの駅から乗るのではなく、1駅、2駅歩いて電車に乗ってみる。エレベーターを使わずに階段を上り下りする。それだけでも運動になる。いずれも日常生活で簡単にできることだ。定年前よりも意識して体を動かすように心がけよう。

また、定期的に健康診断を受診するのも、体のメンテナンスには欠かせない。どんなに健康維持に努めても、人間は病気にかかるときはかかってしまう。病気になりにくい人はいるだろうが、一生で1度も病気にならない人は稀有な存在だ。

私は36歳から年に2回、必ず人間ドックに入っている。定期的に体をチェックして、メンテナンスを欠かさないことが健康の秘訣であると考えるからだ。そして、少しでも体の不調を感じたら、すぐに病院へ行って医者に診てもらう。病気を早く見つけて早く治せば、処置が大変、さらには手の施しようがないという事態を免れることができる。これも健康管理には重要であり、仕事の一環だと思って実行してほしい。

定期的な体のメンテナンスと病気の早期発見・早期治療を守っているおかげで、私はすこぶる健康である。働いている限り、介護を受けることはないだろうと信じている。自分の介護のために、子どもの人生の時間を奪うのは本当にもったいないことだ。読者の方々にも「健康管理は働きながらする」方法をおすすめしたい。

働いて、健康を維持し、介護されないことが理想だが、シニア人口の増加に伴い、介護が必要な人も増えているのが実情だ。そうした状況に対応するために、日本では介護保険制度が創設された。これはもともと「高齢者は社会が世話をする」という理念のもとにはじまった制度である。しかし、国庫負担の急激な増加で、徐々にサービスが制限されるようになった。結局、現在では在宅介護を促す方向で制度が変更されてしまった。

このような社会制度は、早急に見直さなければならないと私は思う。しかし、それをただ待っているわけにはいかない。まずは介護されない人生を目指して、仕事を続け健康を維持し、子どもの世話にはならないようにしようではないか。

習慣10

「人のため、社会のため」に働く

人生の前半戦はプレイヤーとしての競技の時間だと前に述べた。プレイヤーならば上司や同僚、部下はもちろん、同業他社や取引先、ときには自社の他部門とまで戦わなければならない。さまざまな軋轢《あつれき》を経験しながら、自分が手がけているビジネスを成功に導き、自らの価値を上げて競争に勝ち抜くのがプロフェッショナル・プレイヤーの振る舞いだ。

ところがプレイヤー人生は楽しかったか？　幸せだったか？　と問われると、前にも述べたが私の場合、そうは感じられなかったというのが正直なところだ。それは、常に目の前にある事業の業績を上げることに汲々としていたからだ。

業績を上げるためには、必死に働かなければならない。大きな責任を負うことも多い。安倍首相は「一億総活躍社会」と概念的なことをいっているが、真に活躍しなければ競争に勝てないのが前半戦だ。自らの意に沿わないことをやらなければならないときも、達成不可能と思われるノルマに立ち向かわなければいけないときもあるだろう。タチの悪い上司にイビられることも、今の今まで仲良くしていた同僚に足を引っ張られることもあるだろう。しかし、そうした経験を経て自分が成長し、やがてプロフェッショナルのビジネスマンとなるのである。前半戦は苛酷なトレーニングで自分を鍛えながら、精一杯、戦う時代である。

しかし後半戦に入ると、イビる上司や足を引っ張る同僚はもういない。理不尽な要求に苦しむことも、ノルマを抱えて悩むこともなくなる。その代わり給料は上がらなくなる。だがその分、ストレスは緩和される。自分がどこまで出世するかも、だいたい見えてくる。まずは定年にたどり着ければそれで後半戦は合格だ。定年を迎えてしまえば、もう仕事の責任からは解放される。後半戦では、仕事のプレッシャーもストレスもない世界が待っている。

そうなると、仕事の評価軸が「お金」や「出世」や「結果」から、「役に立つ」に変わる。自分が社会の役に立つ。人のために働く。これが後半戦の仕事の評価軸である。

自分が健康で動き回れるなら、どんな仕事でも構わない。塾の先生になってもいいし、スーパーマーケットの荷さばきの仕事をしてもいい。あるいは知り合いの会社を手伝ってもいいだろう。世の中は人手不足なのだから、いろいろな仕事がシニアを待っている。私のように足腰が弱っていたとしても、話すことさえできれば人材紹介業もできる。

年代別の対応策は第5章で詳しく説明するが、作戦としては、30代まではがむしゃらに働いて地力をつけておく。40代はそれを継続しつつ、後半戦に向けた計画を立てはじめる。50代になったら計画を具体的に進める。そうすれば、定年になっても浮き足立つことなく、泰然と構えていられる。退職祝いに花束でももらって、サッと次の仕事へ移ればいい。

定年は必ずやってくる。その前に役職定年などもある。会社は定年を前倒しにして、給料も退職金も減らそうとしている。そのことは、すでにわかっているはずだ。ならば、早めに計画を立てて、備えておくことである。

定年後に暮らす資金は十分にあるから、のんびりとしたいと思っている人もいるだろう。しかし、定年後のあり余る時間を自宅でゴロゴロと寝て過ごして、幸せだろうか。お金さえあればそれで幸せなのだろうか。

働いたほうが幸せだと私は思う。後半戦は、前半戦のようなプレッシャーから解放されて、人のため、社会のために働けるのだ。会社のために血眼になって業績を上げるような仕事ではなく、自分が必要とされる仕事を探せばそれでよい。そう気持ちを切り替えると、仕事探しも楽に思えてくるはずだ。

井深さんは、「国のために働く」といっていたと前に述べた。国家を支えるために国民が働くのだという。実際、年金や介護保険などの国の社会保障は、現役世代が納める税金に多くを負っている。

若者は必死に働いて国を支えてくれているのだ。それなら、私たちシニアも、少しだけ国のお世話になりながら、働いて、社会に貢献しようではないか。

第4章

60歳を過ぎても「仕事に選ばれる人」の共通点

―シニアの再就職の成功事例―

定年後の転職に成功した人は、こんなことをやっていた！

前章では、定年前後に新しい仕事が早く見つかる人に共通の習慣について述べた。この章では、実際に再就職を果たした方たちの事例を紹介したいと思う。前章で紹介した10の習慣を自然に取り入れていることに気づいていただけるはずだ。

ただし、何度も繰り返すように、シニアの置かれた状況は千差万別だ。そのため、これらの習慣をすべて実践することは難しく、今後の行動指針として念頭に置いてもらえればいいと考えている。

1人目は、飄々《ひょうひょう》としていながら芯の強いところがある増山秀樹氏（仮名）。定年後に転職して、現在は平均年齢26歳、女性7割というベンチャー企業で監査役を務めている。

まずは、増山氏のケースからご覧いただこう。

2度のリストラを経験した〝失業のプロ〟がつかんだ定年後の幸せ

増山秀樹氏（仮名・66歳）

「あなた、洋子が生協のクレジットカードをつくれないらしいのよ」

ハローワークから帰ってくると、気まずそうに妻がいう。

長女の洋子は、今月都内の女子大に入学したばかりだ。

「収入のことは気にしないでいいよ、つくってやればいいじゃないか」

「そういうことじゃないのよ」

妻はしばらく私の目を見つめている。そして、ぽつりといった。

「親が失業中だと大学の生協がカードを発行してくれないらしいの」

「……」

私は3月31日付で会社を辞めていた。

皮肉なことにその翌日4月1日が、長女の大学入学式、そして3歳違いの次女真理子の高校入学式だった。私は、娘たちの晴れの日を失業者として迎えることになった。その夜は精一杯明るく振る舞ったが、内心はつらかった。

それから1週間後、私のせいで娘が生協カードを手にすることができないことを知らされた。一瞬、声を失った。娘は私に気をつかって、ずっといい出せなかったのだ。

失業とは、こういうことか……。妻に返す言葉が見つからなかった。

会社を辞めたのは2度目だから、転職に抵抗はなかった。いざとなれば何でもやればいいと腹をくくっていた。時給800円の仕事でも必死に働けばなんとか食っていける。しかし、すでに48歳、2人の娘の教育費はこれから重くなる。1980年代半ばに買ったマイホームのローンも、ようやく金利分を返し終えたばかりだ。

なんとか早く仕事を見つけたいと気は急《せ》くが、今度こそ失敗はしたくない。前回の転職があまりにもみじめな失敗だったからだ。

2年前、24年間勤めていた準大手の総合商社が業績不振のため、過半数に及ぶ社員が対象となる大リストラがあった。その際、会社側のあっせんで、小さな化学会社に転職したのだ。給料は2割ほど減ったが、支店長ポストだ。まだ46歳、これから一旗揚げてやろうと張り切って乗り込んだ。

しかし実際に働きはじめると、今までいた会社とは何から何まで違っていた。何より社長の態度に我慢がならなかった。社員を将棋の駒程度にしか考えていない。社員も唯々諾々と従っている。

しばらくすると、当然のようにその超ワンマン社長とぶつかってしまった。私のほうも早く成果を出そうと気負いがあったのかもしれない。

社長にとっての私は、元商社マンを鼻にかける生意気な恩知らずにほかならなかった。翌年には大阪の営業部に配転となり、単身赴任を余儀なくされた。これではリストラと同じだ。いくら我慢しても将来に展望があるとは思えなかった。

「東京に帰って次の仕事を探そう」

と思っていたところ、新年早々に解雇をいい渡された。この転職には大きな悔いが残った。

商社に勤めたばかりの若い頃は楽しかった。特に台湾駐在時代は思い出深い。当時の台湾は民主化と経済発展の真っただ中にあり、活気があって仕事も順調だった。しかし、その直後のバブル崩壊で会社の業績は急降下、90年代半ばまでは不採算事業の切り売りでなんとか食いつないだが、ついに98年、大リストラに追い込まれてしまった。

今思い出してもぞっとするが、本社に転属されたと思ったら、殺風景な広い部屋に案内された。机がずらりと並んでいてその机の上にはパソコンが1台ずつ置いてある。

人事担当者が無言でうなずく。いわれなくてもわかった。

「皆さんのお仕事は、パソコンで次の仕事を探していただくことです」

ここが世にいう〝追い出し部屋〟だった。

私はそこで半年間、業務命令通りに「真面目に」仕事をした。しかし、とにかく早くここから出たかった。会社のあっせんにも「早いもの勝ち」の雰囲気があった。会社もあの手この手で追い出しにかかっている。もう少し相手先を慎重に調べてから返事をすればよかった、と気づいたときにはあとの祭りだった。

今度こそは、自分で探そうと決めた。決してあせってはいけない。自分の目で確かめよう。納得できる仕事が見つかるまで我慢して探し続けよう。

しかし、さすがに娘の〝クレジットカード事件〟は骨身に応えた。

前回の失敗から学んだ転職活動の秘訣

その後、ハローワーク以外にも有楽町にある管理職対象の職業紹介所など、当たれるところは精力的に訪ね歩いた。訪ねてみてわかったが、多くの紹介所は面談を避けたがる。「来訪されても同じですから、ネットでご登録ください」となる。

しかし私は、訪問にこだわった。会って話を聞きたかった。何としてもいい仕事を探し出してやる。今度こそ失敗は許されないと思っていた。

6カ月近く経った頃、ようやくピンとくる会社に巡り合った。

大手建機メーカー相手の機械部品を扱う中堅商社だ。即戦力の営業マンを求めていた。社員は200人程度。当時、大手建機メーカーはグローバル展開を急ピッチで進めていたため、今後、海外事業経験者も必要になることは明らかだった。

準大手とはいえ、総合商社の経験が長い私には〝土地勘〟のある事業だ。総合商社に入社後の数年間は、鉄鋼の国内営業部門でステンレスの板を扱っていた。それに出向先の子会社でのマネジャー経験もある。

採用面談は順調に進み、ちょうど半年後の10月1日付で入社した。

営業部長として採用は決まったのだが、出社してみると「経営企画室長」という名刺を渡された。社長がにこやかな笑顔で「私の仕事を手伝ってほしい」と握手してくれた。

実は社長も、今年の株主総会で社長に選出されたばかりだった。自分の右腕になるスタッフが欲しかったのだ。前の会社での不幸な出来事が、今度の会社では大いに役に立った。社長との接し方で2度と失敗はしなかった。社内での振る舞いにも、神経を使うように心がけた。

幸運にも恵まれた。社長はその後17年間も長期政権を維持したので、私も同様に17年間、社長に仕えることになった。最後の肩書は上席執行役員だった。

64歳で役職定年を迎え、その後1年間の「おまけ」がついて、65歳で現役生活を終了したのである。

66歳、週3日勤務のほどよい働き方

これが〝失業のプロ〟を自任する増山氏が味わったどん底からの生還の記録である。しかしまだ話は終わっていない。「定年後の転職」という本題は、ここからはじまる。

昨年3月、東京の中堅商社を65歳で定年退職した増山氏は、翌4月に創業5年目を迎えたばかりのベンチャー企業の監査役に就任した。

今回の就職活動期間は、前職在任中の最後の6カ月間。私の会社のほかにも数社の人材紹介会社を当たったそうだ。新宿にある東京都の産業雇用安定センターにも登録して、ビルの管理人など数件の紹介を受けたが、最終的には私の会社が紹介したベンチャー企業への再就職を選んだ。

以下、増山氏が高齢ながらスムーズに再就職が決まった経緯をたどってみよう。

増山氏は現在66歳、特に健康に問題はなく、週3日、東京近郊の自宅から都心にある真新しいビルに元気に通っている。毎日が楽しくて仕方がない。

娘たちも結婚し、かわいい孫が3人もできた。小さい孫の世話は大変だが、仕事のない日はゆっくりと面倒を見るのが一番の楽しみだ。

それからもう1つ、大きな楽しみがある。学生時代にやっていたコントラバスだ。現役のときはあきらめていたのだが、10年ほど前から少しずつ練習を再開し、今では市民交響楽団に所属して定期演奏会にも出るようになった。週1回は皆と合奏している。

経済的にはもはや大きな心配はない。家のローンも終わっている。楽隠居でもよかったのだが、家でじっとしているのはイヤだった。奥さんから煙たがられるのはもっとイヤだった。

週3日の監査役の給料は安いが、そのおかげで年金は満額もらっている。仕事の分量も週3日程度でちょうどいい。健康である限りは、この仕事を続けたいと思っている。

今度の会社は、女性向けのスマートフォン用ゲームアプリを開発しているベンチャー企業だ。創業5年目ながら、2年前にリリースした新しいコンテンツが20代の女性に大人気となり、会社は急成長している。

さすがにベンチャー企業には驚いた。朝は10時始業、ただし定時に出社しても社内は閑散としている。ようやくオフィスらしい雰囲気になるのは12時くらいからだ。

戸惑いもあった。会社のなかは若い女性だらけ。平均年齢26歳。女性比率7割。社長も30歳の女性。いってみれば都心に突如現れた〝女の園〟だ。

建機用部品の卸を手がけていたお堅い前の会社とは、文字通り別世界だった。

私が増山氏にその旨をあらかじめ伝えると、返事は「おもしろい。ぜひやりたい」だった。2度の転職、4つ目の会社ということで、相手に合わせるコツはつかんでいるようだ。「大事なのは気持ちの切り替えですから」と、日頃私のいっていることをうれしそうに話してくれた。

これなら大丈夫だ。先方の社長に引き合わせることにした。

求人の内容は「監査役1名」だった。これは非常に珍しいケースだ。

上場企業であれば、社内から適任者を手当てすることが常識だ。非上場企業であれば、あえて監査役を置く必要はない。だから、監査役の求人などほとんど市場に出てくることはない。しかし、ピンポイントの需要があった。

それは、株式上場を目指す企業が、上場のためには監査役を置かなければならないことを知り、慌てて探してみたものの身近に適任者がいない、という場合だ。

増山氏のケースは、まさにそのピンポイントの求人にピタリと当てはまった。

増山氏は、前の会社では社長の懐刀として17年間も戦略スタッフを勤め上げている。さまざまなビジネス経験を持ち、苦い人生経験も乗り越えてきた。実は、前の会社で監査役的な仕事も多少は経験している。

株式公開を目指す小さなベンチャー企業にとっては、これほど心強い助っ人はいない。

給料にもこだわらないという。下手に給料が高いと年金が減らされてしまうからだ。週3日で悪くはない給与だった。双方納得ずくで、話はすぐにまとまった。

当面の目標は、今年10月に予定している株式上場を滞りなく完了することだ。

「株式の上場を自分の手でできるなんて、人生のなかでそれほど経験できることではないですからね」

今は東証マザーズの上場セレモニーで鐘を叩く日を夢見ているという。

なお、あえて申し上げるが、この話はフィクションではない。一部プライバシーを考慮して変えている部分はあるが、本筋において加工は一切していない。

成功を引き寄せた仕事探しの「習慣」

増山氏のケースは、私の理想とする後半戦の生き方、働き方といってよい。肩ひじ張らずに若い会社のサポート役に回りながら、人生の後半戦を思い切り楽しんでいるように見える。

自らを〝失業のプロ〟という増山氏は、1度目の転職で会社のあっせんに頼って失敗した苦い経験から、転職先を自ら動いて探すようになった。

定年後の仕事探しでもそれを実践し、私の会社を含めたさまざまな人材紹介会社を当たるだけでなく、産業雇用安定センターにも登録して、いくつかの求人情報を手にしている。産業雇用安定センターへの登録は65歳の誕生日までなのだが、「そのとき、私は64歳と10カ月でした」と増山氏は笑っていた。

ベンチャー企業の監査役とビル管理人というように、まったくジャンルの違う求人に増山氏が出合えたのは、「自分の望む仕事ではなく、自分が必要とされる仕事を探す」と気持ちを切り替えられていたからだ。

そして現役時代の転職で、最悪の場合は、たとえ時給800円でも必死に働くという心構えができていた。給与水準やポストにあれこれ条件をつけて、それを自分のプライドとしてしまうと仕事が見つかりにくい。

増山氏は最初からそんなプライドが何の役にも立たないことを知っていた。定年間近の半年間の就職活動期間だったそうだが、その時点ですでに「何でもやります」と思えていたのだろう。

前の会社を退職する前に就職活動をはじめるのは、忘れてはならないポイントだ。そうすることで、結果的に増山氏は「失業中」というブランクをつくらなかった。

退職してからだと現場感覚は一気に鈍る。若い女性社長は敬遠したかもしれない。増山氏は「おまけ」の1年間を実に有効に使いきったのだ。それに、もし定年後にゆっくり探そうなどと考えていたら、今の仕事に出合うことはなかっただろう。

それらのすべてが、定年後の素晴らしい転職と、家族との幸せな日々を招き寄せたのだろう。

増山氏は監査役として、会社の上場に立ち会うという新たな夢も見ている。趣味のコントラバスも再開させ、コンサートにも出演している。

まさに、理想的な定年後といえるのではないか。

辞めるか、残るか——5年間もがき続けて決意した再雇用からの転職

牧野健介氏（仮名・62歳）

次に、長年勤めた会社から冷たい仕打ちを受けながらも、会社への愛着を失うことなく、そのはざまで5年間もがき続けた牧野健介氏（仮名）のケースを紹介したい。

牧野氏は有名企業で定年退職後に「時給1000円の再雇用」を経験した。現在は新しい仕事に就き、充実した毎日を送っている。

まずは、新しい会社に監査役として迎えられたところからご紹介したい。

2018年3月28日、日本を代表する大手電機メーカーの研究開発企画部門・専任部長である牧野健介氏（当時61歳）は、あるソフトウェア開発会社の定期株主総会の会場にいた。

総会といっても社員数十名の小さな会社である。オフィスビルの3階が業務フロア、6階が会議室となっており、総会の会場はオフィス近くの貸し会議室だった。

「補欠として選任をお願いする牧野健介氏の任期は、当社定款の定めにより、前任者の残存期間となります」

議長によって「第３号議案、監査役２名選任の件」が読み上げられ、滞りなく牧野氏の監査役就任が決まった。

牧野氏は、無表情のまま深々と一礼して着席したが、思いは複雑だった。

電子工学系の大学を卒業後、大手電機メーカーで商品企画一筋だった牧野氏には、監査役の仕事がどんなものなのか、正直いって見当もつかなかった。大手電機を離れる心細さもある。この歳ではじめて転職を経験するという不安もある。

もっとも多少の自信もあった。同社が注力するＩｏＴやＭ２Ｍ《マシンツーマシン》などの無線通信領域に関しては牧野氏自身、最も得意な分野である。それにまったくの偶然ではあるが、この会社とはかつて外注先としてのつきあいがあり、浅からぬ因縁もあった。

いざとなると諸々の思いがこみ上げてくるが、すでに勤めている会社には3月末で退社することを伝え、退路は断っている。今更引き返せない。「誰だってはじめは素人なんだ」と自分に言い聞かせて総会に出向いたのだった。

このソフトウェア開発会社は、社員は数十名ながらＩｏＴ関連の技術力に定評があり、東証マザーズにも15年前に上場している。同社には3名の監査役が置かれることになっているが、そのうち2名が非常勤で、弁護士と公認会計士の定席、残りの1名が常勤監査役である。前任の常勤監査役が会社の事情で急遽《きゅうきょ》現場に復帰することになったために、社外から後任を探すことになったのだ。

そこで、当社に適任者の照会があり、5年前に登録のあった牧野氏に当たりをつけて、メールで打診してみたのだった。牧野氏は5年前と同じアドレスだった。つまり、55歳のときに転職するつもりで当社を訪ねてきたのだが、結局は踏ん切りがつかずに、悶々《もんもん》としてこの5年間を過ごしてきたというわけだ。

実際よくある話なのだが、日本を代表する大手企業の社員であれば、そうそう簡単に転職には踏み切れない。ある日突然会社から冷たい仕打ちを受けたとしても、一時は激高して転職を決意するが、いつかは怒りも収まる。そうなると、ほとんどの人が「転職のリスクを冒してまで無謀な賭けに出ることもない。自分が我慢すれば会社も家庭も丸く収まる」などと〝大人の選択〟をしてしまうのだ。

事実、大手企業ならば、いくら給与水準が下がったといっても世間に比べればまだマシな場合が多い。まして牧野氏のように大学卒業以来〝一社懸命〟に働き続け、会社への愛着が強い人ほど転職のハードルは高くなる。現在の会社や職責に不満はあっても、長いあいだ世話になった会社に後足で砂をかけるような真似はしたくないだろう。

だからこそ、余計に悶々とし、寝ても覚めても「明日こそ辞表を叩きつけてやる。何といってやろうか。いや待てよ、今辞表を出したら会社は手を叩いて喜ぶだけだ」などと堂々巡りを繰り返してしまいがちだ。

詳しくは後ほど説明するが、牧野氏も定年前の5年間はさんざんな思いを味わった。何とか踏みとどまって定年を迎えたまではよかったが、その後の会社の対応は想像を絶するものだった。

冒頭に紹介した「研究開発企画部門・専任部長」という肩書はもっともらしいが、給料は月20万円の固定給である。定年直前の給料の約2割だ。2割減ではない。さらに信じがたいことに、定年直後の半年間は子会社の派遣社員として時給1000円という冷遇を受けていた。さすがに世間体を気にした会社が本体の嘱託社員に身分を戻しただけのことである。

さすがの牧野氏も今回は腹をくくった。

大企業の傲慢というべきか、末路というべきか。優秀な人材を掃いて捨てるほどたくさん抱えているからこういうことになる。それにしても日本を代表する一流企業が、これほど社員の心を踏みにじる仕組みをつくっておいて、なぜ平然としていられるのだろうか。

私のメールが牧野氏に届いたのは、ちょうどその頃だった。


さっそく牧野氏と面談してみると5年前の記憶がよみがえってきた。相変わらず誠実そのものだ。59歳のときには内閣官房に出向する話もあったぐらいなので、スタッフとしての能力は相当高いのだろう。しかし、会社の推薦は書類審査ではねられた。理由は1つ、「高齢だから」。当時、政府は「一億総活躍」を標榜していたのだが——。

もっとも、海千山千の政治家や高級官僚を相手に丁々発止の腹芸や寝業ができるタイプには見えなかった。もしそういうタイプなら、会社のなかでもっとうまく立ちまわることができたはずだ。

牧野氏の最大の強みは、それとは正反対の若者のような純真さ、誠実さの持ち主であることだ。技術系でありながらも多様な商品企画を経験するなかで、人間とは何かを真面目に考え続けてきたに違いない。私は、数多くの候補者のなかから牧野氏こそ、不正に染まらない、高い倫理観を必要とする監査役に最適だと判断した。

牧野氏は、株主総会後に開催された監査役会で常勤監査役への就任が決まった。しかし、監査役の任期は4年と決まっているのだが、前任者が3年間勤めていたので、残りの1年間の就任が決まったのである。

もちろん、翌年以降の再任含みである。よほどのことがなければ、今期の1年に来期以降の4年を合わせた5年間は、フルタイムの監査役として仕事を続けることができるということだ。給料も現役時代とは比べ物にならないが、相応の処遇をしてもらった。

牧野氏のキャリアや人柄を考えれば、ひょっとするともっとおもしろい展開が待っているかもしれない。私は、それもひそかに期待している。

上司が突然の解任！　自分も閑職に追いやられる

ここで、大企業ならではの「冷たい仕打ち」とはいかなるものか、牧野氏の厳しかった5年間を振り返ってみよう。

大学で電子工学を学んだ牧野氏が、大手電機メーカーに入社したのは1980年。理系の就職人気企業ランキングのトップ10のうち、実に7社が電機メーカーという年だった。

エンジニアとして採用された牧野氏は、テレビを開発する部署に配属された。4年間、テレビ開発に携わったあと、自ら転属を希望して、新規事業の商品企画担当となり、本社の事業部に配属された。牧野氏のキャリアは、この頃から純粋な技術職から商品企画、経営企画へと変わっていった。

最初の商品企画を担当したのは自動車電話だった。1984年、電電公社が民営化されてNTTとなる前年のことで、自動車電話を使っているのは政治家や芸能人くらい。一般の人はほとんど見たことがない、そんな時代だった。その後、携帯電話の急成長で自動車電話事業そのものが一気に変貌してしまったのはご存じの通り。時代の変化は加速度的に進んだ。90年代初頭に牧野氏も遅ればせながら携帯電話の新規事業へと移る。携帯電話に液晶パネルが搭載され、デジタル通信が普及しはじめた頃のことだ。

その後は20年ほど全社戦略部門のスタッフや事業部企画スタッフなどのキャリアを重ね、職位も順調に課長、部長と昇進してきたが、2012年のちょうど55歳になったばかりの頃に、突如として牧野氏に不幸が訪れた。

当時、牧野氏は技術開発本部の部長として新規事業のインキュベーションを担当していたが、最も信頼していた本部長がいきなり解任されたのだ。

そして新たに本部長となった人物からは、「お前は前の上司の色が強いから使わない」といわれてしまう。「部長」という肩書は残ったものの、部下は1人残らず取り上げられた。

「本当に青天の霹靂《へきれき》でした。みんな、急に机を移動できないから、目の前に元部下が座っているけれども私の部下ではない、という状況になってしまいました」

牧野氏は当時の落胆をそう語っていた。

「辞めてしまおうか」と捨て鉢になりかけたこともある。それでもなんとか踏みとどまったのは、もっとひどい状況に遭っていた元上司の山田氏（仮名）の姿を見たからだ。山田氏は、海外も含めて数千人もいた部下がいきなりゼロになって、秘書1人がついているだけになった。

役員だった山田氏は、個室に秘書と2人だけでポツンと座っていた。「どうしてそんな極端な人事をするのだろう」と牧野氏は驚き、そして激しい怒りがこみ上げてきた。

会社の規模が大きくなればなるほど、ドラスティックな経営陣の交代や方針の転換は起こり得る。非情の決断は致し方ないとしても、それにしてもやり方がひどい。

牧野氏は会社に行ってもやるべき仕事がなくなった。それまでは昼食の時間もないくらいに会議に追われ、スケジュールはびっしり埋まっていた。しかし上司が解任されて、部下がいなくなってからは、丸1日、スケジュールが真っ白な日が続くようになってしまった。会社には出勤するけれど、何もすることがない。

しかし肩書は「部長」のままなので、給料はすぐには下がらない。

その後の半年で、牧野氏の上司は5人も代わった。会社も異常だった。

牧野氏はこの頃、社員手帳を開いたページに大きな字で「忍耐」と書いていた。会社の理不尽なやり方には怒りを感じるし、いいたいことは山ほどある。しかし、グッと我慢しなければならない。そういうときに手帳を広げてその2文字を見つめるのだ。

役職定年制の導入で早期退職を考える

山田氏が本部長を解任され、牧野氏も閑職に追いやられた半年後に、全社に役職定年制が導入された。会社の業績が低迷し、人件費を大幅に削減しなければならなくなったからだ。当時、日本の総合電機メーカーは例外なく下り坂を転がりはじめていた。牧野氏の会社では、役職定年制は早期退職優遇制度とセットで発表された。

前に私は、役職定年という制度は、組織の若返りを促すためにはいい制度だと考えていると述べた。そして役職定年を迎える時期には、人生の前半戦は終了しているのだから、これから後半戦をどう生きていこうかと頭を切り替えて、定年後も長く続けていけるような仕事を探そう、と提案してきた。

しかし、突然の不幸に遭遇するまで早期退職など考えてもみなかった牧野氏には、役職定年を前向きに捉える余裕などあるはずもなかった。さらに役職定年の「例外」扱いで部長職に留まっている同期社員の姿を見ると、その不条理さにますます心が揺れた。彼は後任の部長を担えるような後進を育てていなかったからこそ、部長職に留まることができたのだ。

転職は次の後半生を視野に入れて前向きに考えるべきだが、牧野氏は「どうせ給料が大幅に減らされるなら、いっそ会社を辞めてしまおう」と受け身の姿勢で後ろ向きになってしまった。

会社は、「役職定年で翌年の3月末までに退職するといえば、退職金を上積みする」とアナウンスした。さっそく牧野氏は早期退職のあとはどうなるのかと、同じ境遇の先輩とともにエクセルの表にしてシミュレーションしてみた。

役職定年を迎えれば給料は徐々に下がる。ここで早期退職した場合、退職金は上積みされるが年金は少し減る。定年まで勤め上げた場合にもらえる年金の差額と、上積みされる退職金の差額。そして役職定年後の給料。それらを比較して、どちらを選べば得になるのだろうか、暇に飽かして緻密に計算してみるが、なかなか答えは出ない。

「あと何年で死ぬかわかっていたら、ちゃんと計算できるんだけどな」

先輩と苦笑するほかなかった。

ＯＢに諭され、思いとどまった退職

実は、子どもの学費と家のローンがまだ残っていたことも、牧野氏が細かく計算しなければならない理由だった。ここで会社を辞めて本当にいいのだろうか。

退職を考えていると奥さんに相談すると、「あなたのやりたいようにしてください」という明るい答えが返ってきた。結局、牧野氏は会社を辞める決断をした。

牧野氏は、定年退職して新しい仕事に就いている先輩たちを5人ほど訪ね歩いた。すると全員が口を揃えて「次の仕事が決まっていないのに、なぜ辞めるんだ」という。「もう人事には退職の書類をもらって、あとはハンコを押して提出するだけなんです」という牧野氏に、「世間はそんなに甘くない」「簡単に再就職できると思うな」とOBたちは異口同音に諭した。皆尊敬している先輩ばかりだった。牧野氏は会社を辞めるのをやめた。ハンコを押して出すだけだった退職願を提出することはなかった。

OBたちの意見はまったく正しい。次に何をするか、転職するのであれば再就職先を決めてから辞めるべきである。そうでないと職歴にブランクができてしまう。

55歳といえば、もはや簡単に転職先が見つかる年齢ではない。さらに職歴にブランクがあっては、「何か問題があって前職を退職したのではないか」などとあらぬ疑いを持たれてしまうこともあるだろう。転職先が決まってから会社を辞めるのが、転職の鉄則といえる。

当時の牧野氏には、退職に向けた準備や予備知識が欠落していた。しかしその後の5年間に転職のノウハウや技術をイヤというほど身につけることになったのは、運命の皮肉というほかはない。しかし、それでも転職に踏み切ることはなかった。

定年後の再雇用で時給１０００円に

その後、牧野氏は60歳の定年まで勤め上げることになる。２０１７年1月に定年を迎えたときもまだ転職の踏ん切りがつかず、結局再雇用の道を選んだ。牧野氏の会社の再雇用の仕組みは、グループの子会社の契約社員となって、定年前の職場に派遣される形をとっていた。牧野氏は子会社の契約社員として、今までいた職場に戻った。

仕事は定年前とまったく同じ。変わったのは給料だけである。

なんと時給１０００円、定年前からすると8割減だった。それでも人事部からは「元の職場で使ってもらえるだけありがたいと思え」といわれた。

共働きで看護師の奥さんに、「時給が１０００円になった、もうコンビニのバイト並みだ」とこぼすと、「それなら近所のコンビニに勤めたら？　往復2時間の通勤時間分も働けるでしょ」と冷静な返事だ。

しばらくすると、牧野氏の給料は時給１０００円から月給20万円になった。これは同一労働同一賃金が世間で叫ばれるようになり、また定年後の再雇用における待遇格差が社会問題化してきたことが背景となっているようだ。会社としてもさすがに定年まで勤め上げた社員を派遣社員として使い倒すのはまずいと考えたのだろう。牧野氏の身分を自社の嘱託社員に戻して、固定給としたのである。

ちなみに、定年後の賃金引き下げが不合理か否かが争われた「長澤運輸事件」では、2018年に最高裁判決が出て、賃金の2割引き下げは不合理ではないとして訴えが退けられた。こうした訴訟を起こされる可能性があると公になったことで、結果的に再雇用における待遇格差の是正につながっている。今後はますますこうした裁判が増えることになるだろう。そのつど待遇が改善されていくことを期待したい。

採用が決まるまでの期間も働き続ける

私がメールを送ったのは、牧野氏が固定給20万円で働きはじめた頃だった。

先にも述べたが、その5年ほど前の牧野氏が早期退職を考えていた頃に、私の会社に来たことがあった。そのときは景気が悪く、紹介できる求人がまったくなかったため、登録だけして帰ってもらった記憶がある。それから5年ほど経って、たまたま牧野氏に合いそうな求人が来たというわけだ。

それはソフトウェア開発会社の監査役の仕事だった。常勤監査役が任期途中で現場に戻ることになり、その穴を埋められる人物を探していたのである。

会社の名前は出さずに監査役の求人であることを伝えると、牧野氏は即答で「よろしくお願いします」といって帰っていった。それが偶然にも、牧野氏が若手の頃に取引があった会社だったというわけだ。

私は前著で「現役時代の人脈は使うな」「名刺はすべて捨ててしまおう」と書いた。定年後に前半戦のしがらみを持ち込むのはよくないと今でも思っている。だから、定年後の再就職で、定年前に取引のあった会社に移ろうと画策するのはおすすめしない。

しかし牧野氏のケースは違う。人材紹介会社がたまたま取引先だった会社を紹介してきたのだ。しかも同社の経営体制は当時とはガラリと変わっていた。

話はトントン拍子に進み、冒頭に紹介したように牧野氏は極めてスムーズに同社の常勤監査役に就任した。私が連絡してから半年以上経ってのことである。その間、牧野氏は前職の会社で嘱託社員として働きながら、並行して再就職活動も進めていたのだ。

このように理想的な求人があっても、採用が決まるまでに時間が長くかかるケースはある。そのため、慣れ親しんだ職場でひとまず再雇用や雇用延長をしつつ、並行してほかの仕事を探すのも1つの方法といえる。

人生100年時代はシニア自身で道を拓け！

「結果的にご縁があって転職に成功したかもしれないけれど、正直なところ、ずっとも働き続けてきました」と牧野氏はいっていた。

これは定年前後のシニアの切実な声だろう。

とりわけ長期にわたって大企業に在籍してきたシニアにとっては、時代が変わり、会社の経営スタイルが変わっても、かつて自分を大きく育ててくれた「会社への愛着」は断ちがたく、最近になっていくら「冷たい仕打ち」を受けたとしても、簡単に捨て去ることはできないのだ。

しかし、だからこそ、私はあえて「早めに心の準備しよう」と声を大にして訴えたい。

日本を代表する一流企業でも、もはや社員にとって最高の職場であり続けるとは限らない。かつてのような財力もゆとりもなくなっている。大企業のように人材が豊富なほどシニアへの風当たりは強くなると覚悟しなければならない。いつまでも古き良き時代の思い出にふけっていては、50年に及ぶ後半戦を生き抜くことはできないことを肝に銘じてほしい。

牧野氏も「冷たい仕打ち」と「会社への愛着」のはざまで5年間も悩み続け、ついに定年後の再雇用の現実を目の当たりにして、はじめて踏ん切りがついたのである。

しかし、その5年間をもっと有効に活用する方法はなかったのだろうか。これほど優秀な人材が大企業に埋没したままに放置されているのは本当にもったいないことだ。そのまま朽ち果てていく姿を見るのはもっとつらい。

幸いにも、牧野氏は当社に5年前に転職相談に来ていたので、その後新しい職場を見つけることができた。

今、日本は、世界のどの国も経験したことのない人生100年時代のとば口に立っている。これから国や社会がどのようなインフラを整備し、会社がどのような制度で対応していくのか。今はちょうど変革がはじまったばかりだ。いわば過渡期のはじまりだ。

その意味では、牧野氏をはじめとする現在のシニアたちの多くは、その変革の嵐のなかで漂流し、必死にもがき続けながら出口を探し出しているのかもしれない。

いつかシニア自身が自らの手で、新しい時代への突破口を探し出してくれることを切に願いたい。

増山氏と牧野氏のケースには、誰もが定年前後に経験しかねない厳しい状況が見られる。彼らがどん底から抜け出せたのは、働き続けようとする意志と現役時代に培った能力の高さがあったからだろう。

さらに定年前後の就職に必要な習慣も、個人差はあるにしてもしっかり身につけていたことが大きい。採用する側から見ても、それは魅力的に映ったはずだ。

年齢を気にすることなく、重要な仕事を任せたいと思わせるものがあったはずである。ぜひ、参考にしていただきたい。

第5章

人生100年時代の働き方モデル

―働き続けるためのキャリアのつくり方―

人生が延びた分、働く期間も延びた

本書の冒頭で、「定年後はもはや余生ではない」と述べた。その最大の理由は、日本人の平均寿命が延びたことだろう。

前に、私が生まれた1935年当時の平均寿命は、男性は46・92歳、女性は49・63歳だと述べた。その頃は、とにかく働いて働いて働いて、定年まで働き続けることが求められた。家庭を犠牲にして働き続け、定年までたどり着いたら、残りの人生は、悠々自適に暮らす――それが社会通念だった。

84年後の今日、平均寿命は、男女ともに80歳を超えている。女性は80代後半である。まさに「人生100年時代」の到来が目の前に迫っている。60歳で定年を過ぎたあとの長い時間をどう過ごすか、ということを考えなくてはならないのだ。

そのためには、やはり働き続けることが大切だ、と私は思っている。年金やそれまでの貯金を切り崩して暮らすより経済的にもゆとりが持てるし、働くことは健康維持にもつながる。何より、人の役に立つことで、自分自身が幸せを感じることができるからだ。

ただし、「働きたい」と思っても、なかなか仕事に出合うことが難しいのは、これまで述べてきた通りだ。

そこで最後に、人生100年時代を俯瞰したとき、働き続けるためのキャリアプランの立て方について、述べておきたいと思う。

人生が延び、働く期間も延びた今、少しでも長く働くための参考にしていただきたい。

管理職になっても実務ができる人になる

人生後半戦で幸せだと感じる働き方を手に入れるには、前半戦から注意しておくべきことがある。それは、たとえ管理職になったとしても、仕事をすべて部下に任せたり人にやらせたりするのではなく、最後まで実務をできるようにしておくということだ。

現状、企業は「即戦力となり得る実務ができる人」は欲しがるが、管理しかできない人は欲しがらない。

もちろん、20代、30代の頃は、現場で業界知識や商品知識を事細かに把握して理解していないと仕事にはならないから、知識もあり実務もしっかりできていただろう。

ただ、大企業というのは、とかく分業化されているので、与えられたある商品や特定の業務の知識しか得られていない場合が往々にしてある。とはいえ、年齢を重ねるにつれ、仕事の幅や裁量も広がるはずだから、本来なら新入社員当時よりも身につけている知識と実務は年々広がり、かつ深くなっているはずだ。

それなのに、管理職になったとたん、実務は部下に任せて自分は文字通りの管理しかやらない人がいる。そうすると、あっという間に実務ができない「単なるマネジャー」に成り下がってしまう。もちろん、部下にいちいち細かく指示したり、口を出したりする必要はないが、部下が不在になったら代わりに自分が実務をこなせるくらいの能力を維持しておくべきだ。

ところが、部長になったら完全に「単なるマネジャー」となり、自分は書類を見ているだけ、人にやらせるだけになってしまったという人は、少なくないようだ。

例えば、「あのヒット商品は自分がつくった」「あれも私が手がけた」などと過去の実績を自慢げに語る人がいる。しかしよくよく聞いてみると、単に「外注管理」だったり、全体のマネジメントだったりする。そういう人は、商品の詳細な内容や製作過程をしっかり把握しているわけではないので、実務ができない人だと思われてしまう。

ただし、例外はある。外注先でトラブルが起きたときに自ら飛び込んでいき、きちっと自ら実務をこなして問題解決できれば話は別だ。そういう「実務ができるマネジャー」は大いに重宝されるし、その会社を辞めたとしても、比較的早く次の仕事が見つかり、幸せに働き続けることができるだろう。

「その仕事は私に任せておけば、全部片づけられます」ということができないと、話にならないのが、今のシニアの求人だ。ジェネラルマネジメントができるだけの人は、もう必要とされていないのである。

それはどんな業界、どんな職種でも同じだ。例えば経理部長であれば、少なくとも複数の経理ソフトが使えるようにしておきたい。つまり、たとえ管理職になったとしても、「現場の実務もしっかりとできる人」でいられるように、日頃から自己研鑽《けんさん》しておくことをおすすめする。

「人にやらせる」はもう通用しない

自己研鑽という言葉は大げさかもしれないが、そのために私が強調したいのは、日頃から何事も「自分でやる」と意識するということだ。先にも述べたように、管理職になると「人にやらせる」「人にやってもらう」ことが多くなる。それに慣れてしまったらおしまいだと思ったほうがいい。日頃の生活も同様に考えて、「人任せ」になっていないか、一度確認してみるといいだろう。

例えば出張の準備も、妻にやらせていないだろうか。私もかつては妻に任せていたが、あるとき、必要なものが入っていなかったことがあり、以来、自分で準備するようになった。そうなると、日頃の洗濯物も自分のものは自分で管理するようになり、自分で「考えて」おこなうことが増えた。すると、急な出張でもあわてなくてすむようになった。妻にもありがたがられて、夫婦仲も円満になったのはいうまでもない。

と、偉そうにいっているが、実は私も管理職が長かったので、スケジュール管理やメール管理はすべて秘書がおこなっていた。そのため、66歳でベンチャー企業へ就職した際、パソコンが使えなくて困った。その後、努力して覚えて、今では書類作成もメールも自分でおこなっているが、そこに至るまでがなかなか大変だった。

再就職先で、私のように困らないためには、やはり「実務は自分ですべてできるようにしておく」ことが重要なのである。

50歳は頭の切り替え時

前章までに説明してきた通り、１００年の人生を50歳で折り返すとすれば、それまでには後半の人生設計を考えておかなければならない。前半戦と後半戦では「働く意味合い」もまったく異なる。ということは、〝戦い方〟にも違いが出てくる。

前半戦は、人はほぼ似たような過程をたどる。小学校に入学するのも、中学、高校、大学に進学するのもだいたい同じような年齢で、社会人へのスタートを切るのも、差がついたとしても3、4歳だ。ここまでの期間は大人が敷いたレールの上を歩いているといえよう。しかも、学校教育や新入社員教育など、個人を取り巻く社会のシステムもほぼ完成されている。

しかし、新卒一括採用をしている日本では、新入社員のときこそドングリの背比べだが、折り返し点に近づくほど、差がついていく。同期に追い越されまいと、必死になって働くのが前半戦であり、責任を負って競争する時代といえる。

対して後半戦は、体力的にもばらつきが出てきて、知力や能力、経済状況も千差万別になってくる。個々人の置かれた状況が多様化する一方、社会システムは完全なものでないため、社会に対してあまり期待もできない。そこで「競争の時代」から「共存の時代」へと転換するのだ。共存とは、お互いに支え合って幸せに生きようということだ。

競争の時代では、勝つために必死に働く。しかし共存の時代では、競争している人を裏方として支えるためのさまざまな役割に回る。プロ野球でいえば選手を引退してコーチなどの裏方へ回る、ということは、前にも説明した通りだ。

ただし、前半戦の過ごし方によって後半戦が決まるわけではない、ということを知っておいてほしい。前半戦で活躍した人が後半戦でも活躍できる保証はない。むしろ、前半戦で燃え尽きて後半戦ではパッとしなかったり、前半戦の好プレーに酔いしれてそればかりを振りかざしてしまったり、という残念な人もいる。

後半戦を考えるためには、頭の「切り替え」が必要なのだ。

前半戦は競争することで自分を伸ばす

もう少し詳しく、前半戦と後半戦の〝戦い方〟について見ていこう。

50歳までの前半戦は、全力を尽くしていろいろなことにチャレンジする時代だ。この時期で重要なことは2つある。

まずは「就業すること」である。当然だと笑わないでいただきたい。就業とは、単に「働く」ことではない。会社などの組織に採用されることである。フリーターには絶対になってはならない、ということだ。

前半戦は、どこでもいいから就職すること。会社は大きくても小さくてもいい。社員5人の会社でも、10万人の会社でもいい。とにかく「皆」と一緒に仕事をする習慣を身につけておく。そうすることが、自分のキャリア構築の第一歩となる。フリーターや自称自営業などというのは、キャリア形成にプラスにはならないだろう。

2つ目は、繰り返すが「原則として、転職はしてはならない」ということだ。正確にいうと、転職はしないという前提でキャリアをつくってほしいということである。ただし、実際に会社に入って働いてみてから「ここはどうしても違う」とか、「この会社は反社会的だ」ということがわかったら、それはもちろん辞めてもいい。

ただ、転職するのは絶対に2回までにしておく。キャリアというのは、入った会社で、周囲の人と一緒に働きながらつくっていくものなのである。与えられた場所で、じっくりと自分を成長させていくのが一番いいからだ。転職は「どうしても」という切実な理由がない限りは、最後の最後までとっておく最終手段と考えたほうがいい。

ついでにいうと、最近流行りの「副業ＯＫ」という風潮も、あまりよいものではないと私は思っている。副業ＯＫということは、当然だが本業のほかに集中すべき仕事があるということになる。そうなってしまうと、よほどの超人でない限り、本業がおろそかになりかねない。

私は、会社に対するロイヤリティは非常に大事だと思っている。だから、兼業・副業を許さないという会社の考えは正しいと思う。会社は「全身全霊でこの会社のために働いてください」と働く人に求め、それに応えてもらうからこそ、その人にその対価を払っているのである。兼業や副業よりも、組織のなかに入って組織のためになるように働いて昇進していき、そのなかで自分のキャリアを築いていくというのが、やはり正しい道であると思う。

生活面において前半戦で準備すべきなのは、「家のローンは払っておく」ということだ。人生のあと半分、後半戦が控えているのに、そこに借金が残っていては安心して生きていけない。前半戦にいるうちに、借りはしっかり返しておこう。

逆にいうと、借金があるうちはまだ前半戦にいると思ったほうがいい。お金が必要なのだから、競争のなかで頑張ってしっかり稼がなければならないのだ。その意味では前半戦は、人により50歳よりも延長することになる。準備が整っていなければ、整うまでずっと前半戦の働き方をしないとならないのだ。

しかし、プロ野球選手の場合を考えてみても、選手としての体力が続かないのに現役を続けることは苦しいだろう。そうならないためにも、家のローンは前半戦でケリをつけられるように計画することをおすすめする。

ちなみにマンションと戸建てのどちらがいいかというと、個人的にはどちらでも構わないと思う。私自身は小さいマンション住まいだが、マンションのほうが出ていくカネは少ないと感じている。それにマンションならだんだん小さいほうへ移っていけるが、戸建てとなるとなかなかそうはいかない。また、子どもたちはそれぞれの人生のなかで家について考えればいいから、家を残すことなど考えなくてもいいだろう。

後半戦は〝自分の物差し〟で働いていい

一方、後半戦で重要なのは、自分の物差しを確立できているかどうかである。

後半戦は仕事の評価軸が変わると先に述べた。後半戦を幸せに過ごすには、自分の価値観、本当に自分のやりたいことを確認する必要があるだろう。

人は、本質的には、世の中の役に立っていない仕事には幸せを感じないのではないかと思う。ただ、役に立つといっても、その方法はいろいろある。自分はどのような方法で社会の役に立てるかを考え、後半戦の計画を練るといい。

そうしたことを、人生の分岐点である50歳前後までに計画するのである。その間に、当然家族もできるだろう。家族と暮らしながら、そして仕事をしながら、後半戦に自分ができることを見つけていくのだ。

そのためにはまず、今、置かれている自分の状況を、「正しく、ドライに」理解することが必要だ。年金は生活費の足しにしかならないこと、定年は会社が決めた「人を入れ替えて会社をリフレッシュする仕組み」であること……。これらは、「そういうものさ」と捉えておいたほうが身のためである。

もう1つ、周囲に振り回されないことも大切だ。例えば「再就職でこんな会社に行くことになった」と家族に伝えたとき、妻や子どもから「そんな仕事をするなんて」「わざわざ遠いところまで行かなくても」などと反対されるケースも、ないわけではない。しかし、そのときの判断の物差しは、あくまで「自分」であるべきだと私は思う。

もちろん、家族の意見など一切聞く必要はない、といっているわけではない。最終的には応援してもらえるように話し合うことは欠かせない。しかし、「自分は人生後半をこんなふうに歩いていきたい」という思いをしっかりと持つことが大切だと思う。

50歳を過ぎたら成長しようと思わない

「人生は50歳が折り返し点」としつこく述べているが、折り返し点に迫る45歳を過ぎると、新しいことは身につかない。前著でも反響が大きかったこのことについて、もう少し詳しく説明しよう。

これについては、まず、何事にも例外があるということをご理解いただきたい。当然、

45歳以上でも技能やスキルを習得して、立派な道を歩まれている方もいる。

第1章で少し触れた、59歳で将棋の駒づくりをはじめた「遅咲きの駒師」だが、彼は現在66歳だという。59歳のとき、年金の足しにと駒をつくりはじめ、7年で竜王戦で使う駒をつくった。新聞には「59歳で天職に巡り合えた気がします」とのコメントも掲載されていた。とても立派で尊敬すべきことだと思う。

この方のように、45歳どころか60歳近くになって天職に巡り合い、才能を開花させるケースもある。しかし、これはレアケースだ。だからこそ、新聞に掲載されるのである。素晴らしい話だと思うが、こういう人はおそらく1000万人に1人ぐらいだろう。

多くの人はこうはいかない。普通の人は、45歳以降は新しいことは身につかないものだと認識したほうがいいだろう。私は15年ほど採用に携わるなかで、45歳前後の人たちや、その年齢の人を採用した企業担当者から寄せられる声から、それを実感している。

一般論として、新しい能力を獲得することに時間とお金を使わないほうがいい。それよりも、今まで培ったものを応用することを考えるべきだというのが私の意見だ。

転職市場を見ていても、45歳以上になると、転職先を見つけるのは非常に難しくなってくるようだ。40代前半であれば、まだいくらでも仕事はあるが、後半になると急激に少なくなる。50歳になると、普通の人はほぼ「ない」と考えていいくらい少ない。

また、すでに後半戦に入っている50歳以降は、自分を成長させるためにとまったく別の分野に飛び込んだり、それまでとはまったく別のキャリアを模索したりすることは非常に難しい。

しかし、実は、その後半戦こそプレッシャーがなくなり、その結果として楽しく働けるということは、すでに述べた通りである。だから後半戦は仕事の探し方が変わってくるはずだ。


では、人生１００年時代を楽しく過ごすには、具体的にどのような働き方をすればいいのだろうか。以下、年代別の「働き方モデル」について、考えていこう。

30代の働き方

とにかくがむしゃらに働く

本書の読者に、20代、30代の人はあまりいないかもしれない。しかし、あなたがもし30代ならラッキーだ。20代ならなおさらである。なぜなら本書には、「定年前後」を含めた自分の人生設計を考えるうえでのヒントがちりばめられているからだ。若いうちからそうしたことを知っておけば、私のように、定年を過ぎてから「しまった！」という人生を送らずにすむからである。

今30代ということは、昭和55年（1980年）以降の生まれのはずだろう。この世代はいわゆる「ミレニアル世代」である。ミレニアル世代とは、2000年代に成人あるいは社会人になる世代で、1980年代から2000年代初頭までに生まれた人をいう。この世代が生まれたときには、すでにデジタル文化が発達していたため、デジタル・ネイティブと呼ばれることもある。モノがあふれ、さまざまなサービスが享受できる環境で育った若者といえる。

メディアなどによると、この世代は就職活動においても、その会社の社会への貢献度を重要視するそうだ。自分の信念や価値観がしっかりとあり、それに合わなければすぐに辞めてしまう傾向があるようだ。

おそらくこの世代の多くは、現状の働き方を苦しいと感じているに違いない。「このままずっとこれか？　これを続けていくのか？」——そんな疑問や不安を抱えながら働いているはずだ。

しかし、自分の信念や価値観に合った仕事を見つけるには、さまざまなことを経験しなくてはならない。そうしなければ見つかりっこない。その1つが、最初の会社でとにかくがむしゃらに働く経験なのである。

がむしゃらに働けば、当然だが、仕事に対しても、自分の会社についても、理解が深まってくる。「今の仕事は満足できないが、もう少し続けていたら、上に行けるだろう」「中堅に入ったが、自分の能力はまだまだ未熟だから、もうちょっと努力してみよう」などと、自分の立ち位置がわかるようになってくる。

加えて30代にもなれば、世の中をかなりわかってきているはずだ。そうした状態で、もし現状の仕事に満足できなければ、今いる会社で「ほかの仕事をやらせてほしい」「こんな仕事をやってみたい」、あるいは「こんな仕事をやってみせる」などと積極的に提案・提言していくべきだ。

そうやって自分で自分のキャリアを、まずは今いる組織のなかでつくっていくべき年代が30代なのである。自分で納得のできる仕事が自分に来るように、自分の仕事が変わるように、少しずつでもいいから、「自分の会社のなかで努力していく」のだ。

しかし「どうしてもダメだ」「この会社にずっといたら自分の夢は実現できない。自分の成長もない」と感じたら転職するのもアリだろう。

ただ、「転職はしてはいけない」と先に述べた。それでも転職するというのであれば、「神様が自分にこれをやれといってるんだ」というくらいの信念があったうえでするべきだ。そうでなければ、転職しないほうがいい。転職は、10年に1度程度なら、してもいいかもしれない。

私の場合は、商社に入ってすぐに辞めてしまった。私は「自分はここにいたらダメになる。自分の価値観と合わない」と感じたので転職したのだが、これは非常によろしくない例かもしれない。だが、後悔はしていない。このときの転職がなければ、今の私はなかったと思っている。

ここで30代の転職について述べるとすれば、小さい会社に行くことをおすすめする。そのほうが断然有利である。小さい会社であれば、さまざまなことを並行して進めなくてはならない。大きな会社であればそれぞれ専門の部署があるような業務でも、1人で横断的にすべてこなさなければならない状況も出てくるだろう。その過程で、間違いなく実力がつくのだ。

実力がつくというのは、どういうことか。それは、ビジネスをしていて降りかかってくるさまざまな危機を、切り抜ける能力がついてくるということである。これは、「人生を自分で切り拓いていく能力」ともいえる。人生で一番大事な能力である。小さな会社ではその能力が身につくことが多い。

逆に30代になって大きい会社にいる人は、「自分はそういう能力が弱い」と自覚すべきだ。

勘違いしないでいただきたいのだが、私はなにも転職をすすめているわけではないし、大きい会社に居続けるのが悪いとも思わない。しかし、大会社にいると、どうしても分業制になってしまうから、応用が利かない人間になってしまいがちなのである。そうしたことを自覚したうえで、そうならないように注意するかどうか、行動するかどうかで、その後の人生が決まってしまう。

だから、ここで大事なのは、「人任せで流れに押されていると、だんだん使い物にならない人間になってしまう」と気づくことなのだ。

20代、30代であれば、まだ定年後を考えるほどの年ではないので、「定年後」と冠した本や雑誌は、それほど読んではいないだろう。しかし、なるべく早いうちから「自分が働き続けるには＝自分がずっと使い物になるには」という側面から、今の働き方を見直したほうがいい。

転職していいケース、いけないケース

ところで、転職時に業種をガラリと変えるのはどうなのか。30代であればそれもありなのか、といった質問を受けることがある。結論からいえば、それは相性による。どの業種がどうということではなく、「自分から見て相性がいいか悪いか」ということだけだ。

例えば私のように、商社からメーカーというのは、大きな業種転換だ。そういうケース

で大事なのは、「自分がそこに本当に向いている」と思うことである。

経理であろうが人事であろうが、どんな業務であっても、自分の好きな業界にいるべきであるし、やっていくうちにたいていは好きになっていくものだ。しかし、どうしても好きになれなかったら仕方がない。だから、そういうときには転職してもいいのである。

逆にいえば、本質的にその会社、その業界が自分に合わないことが、転職してもいい条件なのだ。

しかし、「本当は人事をやりたいのに経理ばかりやらされるから」「上司がイヤだから」「仲間がイヤだから」「給料が低いから」……といった理由で転職したら、不幸になるだけだ。それは断言できる。そのような理由で次の会社に移っても、そこでも同じような不満を抱くだろう。

話はそれるが、例えば新卒でたくさんの会社から内定をもらった場合、私は一番大きい会社、つまり人がたくさんいる会社に行くことをおすすめしている。というのは、たくさんの人のなかで揉まれることで、鍛えられ、大きく成長できるからだ。一般論として、大きい会社は安定しているので、教育体制もしっかりしていることも利点である。

内定を複数もらって悩んでいる知人のご子息がいると、私は「躊躇せずに、一番大きな会社に行きなさい」とよくいったものだ。

余談だが、2回目以降の就職、あるいは後半戦では、できるだけ小さな会社に行くほうが成功の確率は高いと私は思っている。

30代の働き方モデルをまとめると、「とにかく、必死に、懸命に、がむしゃらに働け」である。

こうした話をすると「なんでそこまで働かなきゃいけないんだ」「早くリタイアしたい」という声が少なからず聞こえてくる。しかし、そう思うのは、やはりまだ若いからこそ。だんだんと、働き続けることの大切さ、難しさがわかってくるはずだ。

だからこそ、この時期は、「自分の価値観」よりも、「社会の価値観」でがむしゃらに働いておくことが大切なのである。

40代の働き方

人生後半に向けた作戦を立てる

40代に入ると、労働環境も気持ちも30代とはガラリと変わる。40代はキャリアプランの分かれ目であり、「今後」に向けて真剣に戦略を立てて働かねばならない。

というのは、もう後半戦の準備をはじめなくてはいけない年代だからだ。先ほど述べたように、一般論としては、45歳を過ぎたら新しい技能を習得したり、新しいキャリアをつくったりすることは難しい。そのことを認識して、50歳からの後半戦を意識していくべきである。言い換えれば、50歳の折り返し点までにいかに自分に蓄積があるか、ということが40代で決まるのだ。

仕事や会社のことがわかるようになった30代を過ぎて、40代に入れば、それらを踏まえた自分の進路が見えてくるようになる。要するに、自分がどこまで出世するかが見えはじめてくるのだ。

そして、自分に何が足りないかについてもわかってくる。特に大きな会社にいる人たちは、「仕事バカになって流されている」「自分の立場が極めて危険になっている」「応用が利かない人間になってきている」というように、冷静な目で自分を客観視したほうがいいだろう。

そのうえで、応用力がつくようにここでチャレンジして、集大成のつもりで自分のキャリアをしっかりつくり上げていくことだ。それが40代でおこなうべき大きな仕事である。具体的なチャレンジとしては、社内で「新しい仕事をやらせてほしい」「他部署で違うことをやってみたい」と申告することなどが挙げられる。これは30代の働き方モデルでも指摘したが、30代で言い出し損ねた人は、ここが最後のチャンスだと思って自分で動いたほうがいい。そうしないと、その後の幸せな働き方を手に入れることは難しくなるだろう。できれば新しい能力が手に入りにくくなる45歳までに、行動したほうがいいに決まっている。

もう1つの別のチャレンジが転職である。40代までで1度も転職していないのであれば、ここで転職をしてみるのもいい。しかし、それもやはり40代前半までである。それまでならまだ求人はあるが、40代後半になると少なくなってくる。

自分の価値観を問い直す

40代に入ると、キャリア構築の過程で、「自分を幸せにしているモチベーションは何か」ということを、イヤでも真剣に考えざるを得なくなるはずである。

40代は、子育て真っただ中という人もいるだろうし、結婚をしていない人、結婚はしていても子どもはいない人など、生活環境は人によってかなり異なってくる。そうした生活の状態も少なからず、キャリアプランに影響してくるだろう。

それも意識しつつ、40歳になる頃に、自分のモチベーションの源泉を見つけていけるのが、1つの理想だ。

40代になれば、「自分は何によって幸せを感じるのか」が、おぼろげながらわかるようになってくる。それは決してお金だけではないはずだ。

ここで「自分の幸せとは何か」ということをしっかり考えておけば、この先、さらに年をとったとしても、右往左往することはないだろう。

一方、企業側としては、個人が求める「仕事の転換」などお構いなしに、組織の論理として、「最後までガンガン働け」と、ハードワークを要求する。利益を追求する企業なら当然のことだ。

しかし、40代後半くらいになれば、自分がこの先、社長やら役員やらになるかならないかは、薄々わかってくる。多くの人は、「なれない」と思うのが普通だろう。大会社の場合なら、同期100人のうち99人は役員になれないのだ。だからこそ、ここで頭を切り替えて、次の50代に備える必要があるのだ。

前にも述べたように、私自身は、バリバリ働いていた50代ぐらいが一番きつかった。給料も一番高い時期だったから、多少贅沢もしようと思えばできただろう。しかし、幸福度、満足度が高かったかというと、決してそうではない。

だからこそ、「自分が幸せを感じることは何か」ということを40代のうちに真剣に考えてほしいのだ。そうでないと、あれよあれよという間に、組織の流れにのみ込まれてしまうのである。

ぜひ、50歳になる前に、自分の「働き方」と「幸せ」について、本気で考えて作戦を練っていただきたい。

50代の働き方

キャリアプランを完成させる

50歳は人生の後半戦に入る。つまり、「競争」から「共存」へと、働き方をシフトしていく世代である。「自分は何によって幸せを感じるか」という自分の物差しを40代で考えておいて、50代に入ったら、実際に定年後に何をするかを決め、キャリアプランを完成して実行するべきだろう。

50代はもう、先がわかりきっている世代である。後半戦がはじまっているので、もう競争ではない。言い換えれば、競争しなくてすむのである。

組織では古株になっているうえに「役員にはならない」という先が見えている。そんななかで、派閥争いをしたり足の引っ張り合いをしたりしていたら、見苦しい。前半戦の競争意識を引きずっている50代が会社をひっかき回すことは、よくあるパターンだが、それだけはやらないほうがいい。

50代は、そうした競争の世界ではなく、むしろ周囲を助けるようになるべき世代だ。

だからこそ、前半戦と後半戦をうまく分けることが大事になってくる。そしてそれが、60歳、70歳、80歳、90歳まで幸せに働き続ける土台を築く秘訣ともいえる。言い換えれば、まだ20代、30代、40代の人は、今からそのための準備ができるわけだから、すごくラッキーなことである。

50代の人にとって、会社員であれば定年は間違いなくもうすぐ来る。これは災難でも何でもない。ただし、準備していないと、間違いなく災難になってしまう。

その準備とは、次の居場所を考えておくことだ。「定年」を正しく理解して準備ができている人にとっては、定年はむしろ非常にありがたい制度である。

しかし、昔とは時代が変わっていることに気がついていなくて、定年をバラ色と誤解してしまい、この時点で何の準備もしていない人にとっては災難となる。

注意してほしいのは、周囲が当人にこのパラダイムシフトを気づかせないようにしている場合があるということだ。どういうことかというと、何も考えずに定年までバリバリ働いてもらうために、「いやいや、定年まで頑張ってください」「定年になったらいいですよ。退職金ももらえるし」と、先のことを考えさせないようにしている会社もあるということである。

私だって、そこにパラダイスがあると信じて、つらい20代、30代、40代、50代をなんとか乗り切ってきた。しかし、現実は違った。それは、これまで述べてきた通りである。

ただし、あなたがこの先も伸びていくキャリアにハマっていたら、話は別だ。「もう君は社長候補だ」「僕はそのうち役員になるから」という次元にいるのであれば、それはその道に邁進すればいい。

定年後の行き先は最低3つ考えておく

しつこくいうが、「定年後に何をするか」を考えるのは40代でやるべきことで、50代で考えはじめるのは遅い。50代では、何をやるかが決まっていないとダメなのだ。

しかも、具体的に「何をするか」は、3つくらい決めておいたほうがいいだろう。「小さい会社に移って役員の道に」と決めたとしても、その会社がつぶれてしまうようなこともあり得るからだ。

倒産以外にも、知人の会社に行く予定だったのが、トップが代替わりして方針が変わり、行き場がなくなった、という話を聞くこともある。

だから、そうしたことを考慮したうえで「これがダメになったらこれで、これもダメになったらこれ」と、ダウンサイド・リスクを含め決めておくべきだ。落ちたとしても「これ以上は落ちない」という、最悪のケースまで考えた複数のオプションを計画しておくのである。

「なんとかなるさ、そのときに」と楽天的に考えるのは、計画でも何でもないので、避けるべきである。

絶対にやるべきではないことは「退職金をもとに起業しよう」と決めることだ。私は3000人以上の再就職をサポートしてきて、いろいろな人に会い、いろいろなケースを見てきた。そのなかで、「退職金で起業した」ケースで成功した人は1人も知らない。書籍や雑誌などでの成功例は読んだことはあるにせよ、顔と名前が一致する知人は1人もいない。だからこそ自信を持って、「退職金をつぎ込んで起業するのはおやめなさい」とお話ししている。

ついでにいえば、退職したら喫茶店をやろう、と決めている人も案外多い。しかし、それもおすすめしない。

ただし、喫茶店で働いているうちにオーナーに頼まれて譲ってもらった、というのならいいかもしれない。また、30代、40代からアルバイト的にやっていた、というのも話は別だ。何事もそうだが、例外はある。

しかし、自分で出資してデザインもして……と、自分ではじめから立ち上げる場合は、喫茶店だろうが居酒屋だろうがうまくいく確率は少ないだろう。そば打ちも、趣味ならいいかもしれないが、それを仕事にするというのは、現実的とはいえない。

というのは、世の中は、シニアが新しい事業をはじめて成功するほど甘くはないからだ。シニアというのは、世間を知ってはいるものの、能力は間違いなく落ちている。新しい事業をはじめたりすることには向いていないのである。

特に喫茶店や居酒屋などの接客業は、店内をきれいに保たねばならないし、お客様に愛想よくしなくてはならない。そば打ちをするなら体力を維持しなければならない。それらのことがシニアにできるかどうか。高齢になってから思いついたようにやって成功する可能性は、限りなくゼロに近いだろう。

「競争」から「共存」へとシフトする

いよいよ、いわゆるジャスト定年世代、60代の話に入るとしよう。

60代では、準備ができている人と、できていない人の2パターンに分かれる。準備ができている人はそれでOKだが、できていない人は覚悟を決めていただきたい。

ちなみに、60歳になったら完全に後半戦に入っているが、家族が若いのでもう少し現役世代的に働きたいと、前半戦を延ばしている人も、もちろんいる。本章の前半でも述べた通り、住宅ローンやお金のかかる子育てを終えていなければ、それはまだ前半戦にいる状態といえ、競争の世界でバリバリ働かねばならない。同じ60代でも、生活の状況によってさまざまであり、例外もあるということを、再度頭に入れておきたい。

特に近年は晩婚化が進んでいるので、前半戦からの折り返し点が50歳の人もいれば65歳の人もいる。ただ、定年が60歳なので、前半戦を65歳まで引っ張らなければいけない人は、それなりの準備をしておかないといけないのはいうまでもない。

―働き続けるためのキャリアのつくり方―

実際、50歳を超えて転職を希望する人のなかには、まだまだ住宅ローンが残っていたり、子どもが小さかったりするという事情もあるようだ。そういう人は、「今の会社では間違いなく60歳で切られてしまう」とか、「役職定年で給料が下がってしまうから、少なくとも65歳か70歳近くまで仕事をしたい」「小さな会社でもいいから定年の長い会社か、役員にしてもらえるような会社に就職したい」と希望してくる。

やってくるのはだいたい50歳から55歳くらいまでの人が多い。つまり、やはり50歳くらいまでには準備しはじめるべきだということだ。

さて、では「準備ができていない人の覚悟」とは、どのような覚悟か。それは、「間違えた！　準備をしておくべきだった！」という反省からの覚悟である。しかし幸い「後悔は先に立つ」ので、まず「間違えた！」と気づけば、なんとかなる。

というのは、たいていの場合、準備を怠っていた人たちは、経済的には安定していることが多いからだ。経済的に安定していれば、あせらなくとも、気づいてから取り組んでもそれなりにうまく収まる。

もちろん、退職金もなく放り出されてしまった場合は、そんな悠長なことはいっていられない。その場合はすぐにでも人を求めている仕事を見つけて、何でもやる覚悟で取り組むしかない。

けれども普通にビジネスマンとして過ごして退職金をもらい、健康であれば、「しまった！」という後悔こそ役に立つ。こういう人は完全に作戦を間違えたわけで、それを取り戻すために腹を決めてかかるべきなのだ。

「自分は働きたいし、働くべきで、60代ではもちろん、70代も80代も90代もずーっと働いて世の中の役に立とう。しかも競争でない共存の世界で働き、楽しく幸せになろう」

そういう決心をして、仕事を探していただきたいと思う。

なるべく条件をつけずに仕事を探す

読者の皆さんが関心を持つのは、その探し方だろう。第4章で再就職の事例を紹介したが、結論からいうと、自分で探す以外に道はない。繰り返すが、コツは過去を一切忘れることだ。そして、少なくとも読み書きができる、少なくとも人と話ができる、といった基礎能力があることを認識して、まずは収入ではなく「自分を働かせてくれるところ」を探すのだ。「ある程度の退職金をもらい、経済的に安定している」からこそ、それができるともいえる。

つまり、前章までに何度も繰り返してきたように、「何でもやります」とアピールするのである。そして間口を広げておいて、「では、この仕事をお願いします」といわれたときに、選べばいい。

あまりにも自分にはちょっと……と感じたら「さすがにそれはできません」と伝えたほうが、相手にも迷惑がかからないのはいうまでもない。

気をつけたいのは、自分から「海外営業ができます」「経理ができます」などと、できることを先に伝えてしまうことだ。そうすると、「そういう仕事はありません」と一蹴されてしまう。

重要なのは、「お宅は人手が足りていますか」「私がお役に立つことはありませんか」という謙虚な姿勢ではじめること。そして、できるだけ手広く探していく。そうしているうちに「うちの店を手伝ってくれないか」とか、「うちの会社でちょっと留守番していてくれないか」とお声がかかり、何かしらの仕事が見つかる可能性はある。しつこいようだが、まず、何でもいいから、働くためのとっかかりを見つけることが大事なのである。

仮に配送業務や清掃作業など、肉体労働を見つけたとしよう。これらは需要が多いので、60歳を過ぎていても健康であれば比較的たやすく就職でき、働ける。ただ、体を使うのはやはり長くは続かない。だから、「これは何年間」と、働く期間をあらかじめ自分で決めておくといい。そこからまた転職をすればいいのである。20代、30代とは違って、転職回数が足かせになるようなことはないのだから、転職し放題なのである。

例えば、警備員として働いていた60代の人が、「明日からうちの会社の経理部長をやってください」と頼まれることもあり得るのだ。こうしたことが起こるのは、その仕事が「できるか、できないか」だけで決まるからだ。

だからどんな仕事でも、まず受け入れて、やってみる。そこから先、雇い続けてくれるかどうかは、「自分が役に立つか、立たないか」だけで決まってくる。

組織の論理のなかで、競争の世界で働いてきた前半戦とは異なり、後半戦は共存の世界なので、誰かを蹴落として上がっていくという働き方にはならない。そこに仕事があり、それを「やれるか、やれないか」が大事なのだ。組織ではなくて、仕事そのものがあなたを採用するわけである。

とどのつまり、「そこにある仕事」ができるかどうかで決まるので、過去にあなたがどんな仕事、どんな役職であろうが、採用する側は一向に気にしない。

普通に考えれば、経験した仕事であれば「できる」となるわけだから、さまざまな職務経験があり、さまざまな仕事ができたほうが、ここに至っても有利だろう。

しかし、過去の経歴・職歴を踏まえて自分が「○○ができます」と主張することは、60代からの職探しには不利なのである。

実際に「できること」は数多く持ってはいても、ひけらかすことなく、謙虚な姿勢でいること。そして過去にはこだわらずに、意識を切り替えて職探しをすることが、60代では肝心である。

70代の働き方

まだまだ動き回れる！

70代は一般論としては、体力的にはまだまだ大丈夫な世代だ。ただし、仕事の質が変わってくる。60代は50代とほとんど仕事の質は変わらないが、70代は60代と同じ質の仕事はできないと考えたほうがいいだろう。

また個人差が大きいのも確かだが、大まかにいうと、50代と60代がオーバーラップして、60代と70代がオーバーラップしている部分がある。

ただオーバーラップしない部分ももちろんあり、その部分は間違いなく質が落ちているということだ。そう考えていくと、70代と80代は、もうオーバーラップはしない。それほど両者では、できることに差が出てくるということだ。

では、70代と80代では何が違うのだろうか。それは、70代はまだ動き回れるということである。もちろん、健康であることが前提だ。家庭教師や学校の先生の補助なども、長時間でなければできるだろう。

例えば、自治体の窓口業務は70歳のシニアでも十分務まるのではないか。これから能力が伸びる余地のある若い職員を、窓口に張り付けておくのは本当にもったいない。大企業の受付も、いまだに若い女性をずらりと並べているが、人生経験豊富なシニアのほうが、役に立つこともある。受付はシニアに任せて、若い人だからこそできる仕事をしてもらったほうがいい。

また、学校主事（かつての用務員）も、70代でも立派に務まるはずだ。学校の教員は概して遅くまで校内に残っているので、業務の洗い出しをして、主事に仕事を分けるということも考えられるだろう。もちろん、教員ならではの業務で残らざるを得ない場合は仕方ないが、学校業務を細分化すれば、70代でもこなせる仕事はあるはずだ。そうして効率化することで、教員の負担を軽減することにもつながる。これはまさに社会に役に立つ働き方といえるのではないか。

このように、元気な70代を活かす仕事は、考えればまだまだあるだろう。むしろ意欲と才能、スキルのある若者が、「70代でもできそうな」仕事をやっている場合もある。「70歳だから」という先入観をなくして、社会がシニアに対してそうした仕事の門戸を広げていくことを願うばかりだ。

80代以降の働き方

体力に合わせた働き方を選ぶ

70代に比べて、動き回るのが難しくなってくるのが80代である。したがって、あまり動かなくていい仕事をすべきである。

私の場合もそうだが、80歳を過ぎたら動き回ることは難しいので、座ってできるような仕事がいい。立って話をすることはつらくなる。だから、塾や研修の講師などの仕事も80代では難しい。

加えて、長時間働き続けることも困難になってくる。1日8時間働くことは80代にとっては非常にハードルが高いと思われる。したがって、1日4時間、5時間程度の仕事にしたほうがいい。

90代は私も体感していないものの、おそらくそれがもっと進み、1日3時間、2時間と減っていくだろう。

「はじめに」でもお話ししたように、私の場合は現在週に5日間、毎日出社している。7時半に会社に着いて、16時半に帰るように心がけている。しかし、木曜、金曜になると、午前中は大丈夫なのだが、午後はちょっと体がバテてくる。

やはり今まで通りのワークパターンは難しいのではないかと実感しているところだ。

年齢を重ねるほど、心の成熟度は上がっていく

身体的な衰えによるワークパターンの見直しとともに、伝えておきたいのは、80代になってからの心理的な変化である。

私は70代では、世の中に対しても、自分に対しても、まだいろいろな不満があった。それが、80代になったらほとんどなくなったのである。これまでであれば「なんだ? これは?」と感じていたことも、「まぁ、それでもいいじゃないか」「それもごもっとも」と、腹が立たなくなってくるのだ。

おそらく90代になったらもっと穏やかになるのではないかと、今からワクワクしている。とにかく不満がなくなると、仕事のやり方も変わってくる。ただし、だんだんと経営者には向かなくなるだろう。なぜなら、「不満がない」＝「競争意欲に欠ける」からだ。競争意識に欠ける経営者ほど、経営に向いていないものはない。

実際、私も若い頃は、「競合相手に勝とう!」と思って前進してきた。しかし、小さな会社を経営している今、「あの会社に負けるものか!」というハングリーな気持ちはなく、

「ああ、うまくやっていていいな〜」と、ほかの会社を非常に穏やかな気持ちで静観できるのである。

働き方の中身も心持ちも変わってくるのだ。年齢を重ねれば重ねるほど、「何か役に立つ仕事ができるのではないか」という思いだけで働くようになってくる、といってもいいだろう。

私は90歳になっても、今の仕事を続けたいと思っている。90代になれば、お客様に会うことも難しいかもしれない。体力的にも衰えは進むだろうし、判断力にも欠け、アイデアもすぐには出ないかもしれない。それでもなお、「社会の役に立つ仕事がしたい」と思う。そして、そう思える今の自分に幸せを感じるのである。

人生という「山登り」を楽しむために

私は、前著で人生をマラソンにたとえて説明した。42・195キロのうち、折り返し点で前半と後半とに分かれる。人生100年時代では、この折り返し点が50歳にあたるというわけだ。そして、「人生には後半戦がある」ということを前半の時点で意識して、ペース配分を考える必要があることを述べた。

しかし最近は、人生は山登りに近いかもしれない、と思うようになった。

この場合の折り返し点＝50歳は、山の頂上である。

50歳までは、ひたすら頂上を目指し、険しい山を登っていく。時に息が切れたり、足を滑らせてしまうこともあるかもしれない。そうして極めた頂上が、キャリアの到達点というわけだ。

40代になると、頂上まで到達できるかどうかはもう見えているはずだ。それなら、下り坂のこともそろそろ考えはじめてもいい頃だ。今、登っている山道のことも大切だが、どうやって下っていくかも同じくらい大切なのである。

50歳以降はいよいよ下り坂に差しかかる。下り坂に入ったら、「景色もゆっくり楽しもう」「いい空気を吸っていこう」というように、どのようにして周囲と調和しながら、楽しんで歩いていくのかを想像し、そのためにできることを考えていくといい。

このとき大切なことは、それまでのキャリアはすべて山の頂上に置いてくることだ。

「私は富士山に○回登った」「私は○千メートル級の山に何度も登ったことがある」などと

人に自慢する必要はない。

大切なのは、過去ではなく今である。そして今を楽しむためには、やはり働き続けることだと、私は思っている。

どんな仕事でも、人を幸せにするものだ。そして、人を幸せにすると、自分も幸せになる。

高齢になっても働く理由は、人それぞれだろう。「生活していくため」「動いたほうが体にいいから」という人もいれば、「暇を持て余しているから」という人もいるかもしれない。

しかし60年以上働いてきた私の結論は、「人は自らを幸せにするために働くのだ」ということだ。

定年後には、定年前とは真逆の世界が待っている。そのことを悲観するのではなく、楽しみながら、これからの人生を、ともに歩いていこうではないか。

おわりに

この本は、私が昨年春に書きました『定年前後の「やってはいけない」』の続編です。

前著では、人生１００年時代を生きるヒントとして、特に定年後をどのように過ごすかの問題提起をしました。

有難いことに、非常にたくさんの読者の方々からメールやお手紙をいただき、講演やテレビ出演、雑誌、新聞などからの取材も受けました。

そうしていただいたご意見のなかには、厳しいご批判やご意見もありましたが、多くは「定年後も働く意欲がわいてきた」「希望が待てるようなった」という内容です。

これは私にとりまして、本当に望外の喜びでした。高齢になっても、仕事を見つけて働いたら、自分もまわりも幸せになるのではないか、という、いささか暴論の問題提起を、少しお許しいただいたように感じました。

ただ、新しい問題も提起されました。それは、

「わかったが、いったいどうやって仕事を見つけるのだ？」
「どんな働き方をすればよいのか？」
「どこにどんな仕事があるのだ？」
などです。

前著でも書きましたように、現在、日本にある人材紹介、職業紹介などの企業、機関は、基本的にすべて前半戦の若者向きにできていて、高齢者にはほとんど役に立ちません。相談する場所もない。相手もいない。方法もない。それでどうやって仕事を探すのだ？

この問題にお答えしなければならない――それが、この続編を書かねばならないと考えた動機です。

「はじめに」で私は、「負けてなるものか！」と思って毎日働いていると述べました。

人類はその歴史において、自然現象と闘い続けてきました。人間はほかの生物に比べて、角もなく、牙もなく、鋭い爪もない弱い生き者です。走るのは遅いし、飛ぶこともできません。このような人間が、武器、衣類から自動車、飛行機まで発明し、高等生物として進化の頂点に立つことができたのは、この自然現象に対する不屈の闘いの成果であるといえるでしょう。

ただし、逆らえない自然現象もあります。それが〝年齢〟です。

「高齢者だからダメだ」というのは、自然現象であり、それが生み出す社会現象であるともいえます。

この高齢化の逆境と闘ってみたい。「高齢者だから」という身体的、社会的処遇を、受け入れずに抵抗したい――。

私は抵抗しているうちに、高齢者がその自然現象に負け、社会から排除される最大の理由は、働かない、働けないからだろうと考えるようになりました。また、働いたら、働き続けることができたら、その不利な条件を幾分でも克服し、幸せになるように思います。

図らずも、私たちは人類がはじめて体験する「人生100年時代」の現場にいることになってしまいました。私たち高齢者は、その未知の未来を拓くパイオニアでもあるのではないでしょうか。

本書の結論は、誠にご不満でしょうが、「自分で場所をつくる」「相談相手をつくる」「方法を考える」ということになってしまいました。前編にも増した暴論のように思えます。

それしかない、とはいいません。ただ、それが一番よい方法だ、という自信はあります。

そして高齢者が皆で力を合わせて努力し、楽しく働ける環境を構築していけたら、今後の高齢者のために、いや、今のすべての若い人たちのためにも、どんなによいことでしょう！

こんな心掛けで、人生１００年時代を、できるだけ最後まで、楽しく生きたいと思っています。後半戦は楽しく働いて、まわりの人たちを、いつまでも楽に、楽しくさせたいというのが願いです。

できるかどうかは、わかりません。ただ、そのようなことを伝える機会を再度いただきました青春出版社の方々、そして何より、お読みいただいた読者の方々に、心から御礼申し上げます。

郡山史郎

編集協力…チームTOGENUKI
本文デザイン…青木佐和子

青春新書
INTELLIGENCE

こころ涌き立つ「知」の冒険

いまを生きる

"青春新書"は昭和三一年に——若い日に常にあなたの心の友として、その糧となり実になる多様な知恵が、生きる指標として勇気と力になり、すぐに役立つ——をモットーに創刊された。

そして昭和三八年、新しい時代の気運の中で、新書"プレイブックス"にその役目のバトンを渡した。「人生を自由自在に活動《プレイ》する」のキャッチコピーのもと——すべてのうっ積を吹きとばし、自由闊達な活動力を培養し、勇気と自信を生み出す最も楽しいシリーズ——となった。

いまや、私たちはバブル経済崩壊後の混沌とした価値観のただ中にいる。その価値観は常に未曾有の変貌を見せ、社会は少子高齢化し、地球規模の環境問題等は解決の兆しを見せない。私たちはあらゆる不安と懐疑に対峙している。

本シリーズ"青春新書インテリジェンス"はまさに、この時代の欲求によってプレイブックスから分化・刊行された。それは即ち、「心の中に自らの青春の輝きを失わない旺盛な知力、活力への欲求」に他ならない。応えるべきキャッチコピーは「こころ涌き立つ"知"の冒険」である。

予測のつかない時代にあって、一人ひとりの足元を照らし出すシリーズでありたいと願う。青春出版社は本年創業五〇周年を迎えた。これはひとえに長年に亘る多くの読者の熱いご支持の賜物である。社員一同深く感謝し、より一層世の中に希望と勇気の明るい光を放つ書籍を出版すべく、鋭意志すものである。

平成一七年

刊行者　小澤源太郎

著者紹介

郡山史郎〈こおりやま しろう〉

1935年生まれ。株式会社CEAFOM代表取締役社長。

一橋大学経済学部卒業後、伊藤忠商事を経て、1959年ソニー入社。73年米国のシンガー社に転職後、81年ソニーに再入社、85年取締役、90年常務取締役、95年ソニーPCL社長、2000年同社会長、02年ソニー顧問を歴任。04年、プロ経営幹部の紹介をおこなう株式会社CEAFOMを設立し、代表取締役に就任。人材紹介のプロとして、これまでに3000人以上の転職・再就職をサポート。著書に『定年前後の「やってはいけない」』(小社刊)、『九十歳まで働く!』(WAC)などがある。

定年前後《ていねんぜんご》「これだけ」やればいい　青春新書 INTELLIGENCE

2019年3月15日　第1刷
2019年3月25日　第2刷

著者　郡山《こおりやま》　史郎《しろう》

発行者　小澤源太郎

責任編集　株式会社プライム涌光
電話　編集部　03(3203)2850

発行所　東京都新宿区若松町12番1号 〒162-0056　株式会社青春出版社
電話　営業部　03(3207)1916　振替番号　00190-7-98602

印刷・中央精版印刷　製本・ナショナル製本

ISBN978-4-413-04564-3